KB159597

텔레코뮤니스트 선언

『텔레코뮤니스트 선언』은 2004-2008년 사이에 조앤 리차드슨, 브라이언 위릭, 드미트리 클라이너가 쓴 글을 드미트리 클라이너가 더 늘리고 고쳐 쓴 글들로 구성되어 있습니다.

 아우또노미아총서48

텔레코뮤니스트 선언 The Telekommunist Manifesto

지은이 드미트리 클라이너
기획 다중지성의 정원
옮긴이 권범철

펴낸이 조정환
책임운영 신은주
편집부 김정연 · 박인수
홍보 김하은
프리뷰 이광석

펴낸곳 도서출판 갈무리 등록일 1994. 3. 3. 등록번호 제17-0161호
초판인쇄 2014년 6월 16일 초판발행 2014년 6월 26일
종이 화인페이퍼 출력 경운출력 · 상지출력 인쇄 중앙피엔엘
라미네이팅 금성산업 제본 경일제책

주소 서울 마포구 서교동 375-13호 성지빌딩 101호 [동교로 22길 29]
전화 02-325-1485 팩스 02-325-1407
website http://galmuri.co.kr e-mail galmuri94@gmail.com

ISBN 978-89-6195-082-4 94300 / 978-89-6195-003-9(세트)
도서분류 1. 사회과학 2. 사회학 3. 정치학 4. 경제학 5. 문화이론 6. 예술학

값 17,000원

이 도서의 국립중앙도서관 출판예정도서목록(CIP)은 서지정보유통지원시스템 홈페이지(http://seoji.
nl.go.kr)와 국가자료공동목록시스템(http://www.nl.go.kr/kolisnet)에서 이용하실 수 있습니다. (CIP제
어번호 : CIP2014017433)

텔레코뮤니스트 선언

The Telekommunist Manifesto

정보시대 공유지 구축을 위한 제안
카피파레프트와 벤처 코뮤니즘

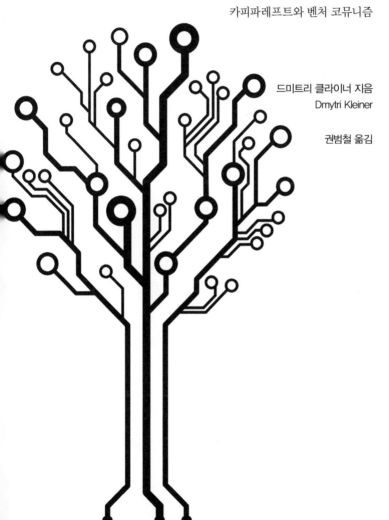

드미트리 클라이너 지음
Dmytri Kleiner

권범철 옮김

일러두기

1. 이 책은 Dmytri Kleiner, *The Telekommunist Manifesto*, Network Notebooks : Amsterdam, 2010를 완역하고 저자와의 인터뷰 및 카피파레프트를 둘러싼 논쟁글 두 편을 부록으로 덧붙인 것이다.
2. 인명과 고유명사는 혼동을 야기할 수 있다고 생각되는 경우를 제외하고는 본문에서 원어를 병기하지 않았으며 찾아보기에서 병기했다.
3. 단행본, 전집, 정기간행물, 보고서에는 겹낫표(『』)를, 논문, 논설, 기고문 등에는 홑낫표(「」)를 사용하였다.
4. 단체(위원회), 학회, 협회, 연구소, 공연물, 곡명, 법률, 조약 및 협약에는 가랑이표(〈 〉)를 사용하였다.
5. 지은이 주석과 옮긴이 주석은 같은 일련번호를 가지며 옮긴이의 주석에는 [옮긴이]라고 표시하였다.

오늘날 한국에서
텔레코뮤니스트가 된다는 것은
무엇을 의미하는가?

바루흐 고틀립[1]

『텔레코뮤니스트 선언』이 한국어로 처음 소개된다는 소식을 들으니 다음과 같은 생각이 떠오른다. 이 선언이 출간되고 약 4년 동안, 자본주의는 극복되지 않았지만 많은

---

1. [옮긴이] 바루흐 고틀립(Baruch Gottlieb)은 1966년 캐나다 몬트리올 출생으로 영화제작을 전공한 아티스트이자 작가, 큐레이터이다. 〈텔레코뮤니스트들〉의 멤버로서 R15N, 미스커뮤니케이션(miscommunication) 스테이션, OCTO 등의 프로젝트에 참여했고, 클라이너와 함께 여러 편의 글을 썼다. 2005년에서 2008년까지 연세대학교 커뮤니케이션 대학원에서 미디어 아트 교수로 재직하면서 서울국제사운드아트페스티벌인 Sound Effects Seoul(SFX Seoul)을 기획하는 등 다양한 예술 프로젝트를 진행했다. 현재 베를린에서 활동하면서 베를린 예술대학교에서 강의하고 있다.

계기가 대안적 방향으로, 즉 사회적으로 필요한 재화의 생산과 분배에 있어서 대항-자본주의적인 양식들을 구축하고 육성하는 방향으로 발생해 온 것처럼 보인다. 마이클 보웬스[2]와 〈또래협력 재단〉은 『텔레코뮤니스트 선언』에서 처음 제안된 또래[3]생산 라이선스를, 새로운 평등주의적인 전 지구적 공유경제를 위해 실행가능한 주춧돌로 옹호해 왔다. 그럼에도 자원의 지배와 독점을 향한 탐욕스러운 자본주의적 충동은 미친 듯이 날뛰고 있다.

『텔레코뮤니스트 선언』은 인터넷이 왜 고도로 집중되어 있고, 개인정보의 수집에 의존하고 있는지 상세히 서술하고 있다. 또한 이 선언은 이러한 작금의 상태가 인터넷 본래의 평등주의적인 해방적 잠재력을 어떻게 배반하고 있는지 알려준다. 몇몇 국가에서 이미 우리는, 돈을 내고 초

---

2. [옮긴이] 마이클 보웬스(Michel Bauwens)는 또래협력 이론가이자 연구자로 〈또래협력 재단〉(P2P Foundation)의 설립자이다.

3. [옮긴이] peer는 또래, 동료 등의 의미를 가진 말로 'peer production'은 또래 생산 혹은 동료 생산으로 옮길 수 있다. '동료 생산'으로 옮기는 것이 국어 '동료'에 함께 일하는 사람이라는 의미가 있어 적합한 지점도 있지만 peer production이 과거의 생산과 다른 성격을 지닌다는 점이 잘 드러나지 않는 것으로 생각되어 '또래 생산'으로 옮겼다. 국어 '또래'의 경우 나이가 비슷하다는 의미가 있어 다소 어색하긴 하지만 한 그룹에서 동등한 지위를 갖는다는 peer의 의미 또한 띠고 있다는 점을 고려했다. peer-to-peer는 '또래공동' 등으로 옮기기도 하지만, P2P의 협력적 양상을 강조하기 위해 '또래협력'으로 옮겼다.

고속 통신망을 배타적으로 사용할 수 있는 사람들이 생산한 '풍요로운 콘텐츠'와 대규모 광고의 범람 이면에서 대부분의 웹 자원에 점점 접근할 수 없게 되는 이원화된 인터넷의 출현을 목격하고 있다. 구글이나 페이스북 같은 대규모로 집중화된 웹-플랫폼들은 번창하면서 [사업을] 확장하는 반면, 위키피디아와 모질라 같은 커뮤니티 주도 [플랫폼]은 살아남기 위해 분투하고 있다. 한국의 웹 역시 독점적으로 허가된 인증제도인 액티브X[4] 덕분에 마이크로소프트의 인터넷 익스플로러가 사실상 독점을 누리면서 거대기업이 지배하고 있다.

　한국 인터넷의 접근성과 권력의 비대칭을 다루기 위한 전조는 무엇인가? 극소수의 플랫폼이 편재하다시피한 한국 웹의 고도화된 헤게모니 구조는 어떤 식으로 한국 사회의

---

4. [옮긴이] 액티브X(ActiveX)는 마이크로소프트(MS)사가 개발한 웹 브라우저용 플러그인(확장 프로그램)이다. 웹에 있는 문서나 콘텐츠를 사용자 컴퓨터에서 사용할 수 있도록 웹브라우저의 기능을 보완해 주는 기술로서 인터넷뱅킹, 전자정부, 동영상 스트리밍, 웹하드 등 여러 분야에 사용되어 왔다. 그러나 보안 상의 취약점과 익스플로러(마이크로소프트사의 웹브라우저) 상에서만 작동가능한 문제를 안고 있고, 플러그인을 설치하지 않아도 다양한 기능을 웹브라우저에서 처리할 수 있도록 하는 웹 표준언어가 개발됨에 따라 전세계적으로 플러그인 퇴출이 가속화되고 있다. 국내에서는 액티브X가 아직 널리 사용되고 있으나 지난 몇 년간 일어났던 금융 사고와 폐쇄적인 웹 환경의 주범으로 지목되면서 최근 퇴출을 위한 움직임이 힘을 얻고 있다. 이에 대한 더 많은 내용은 다음 사이트에서 확인할 수 있다. http://noactivex.net

구조를 반영하는가? 드미트리 클라이너는 이렇게 말한다. "정치는 사상의 대결이 아니라, 능력의 대결이다." 생산능력이 보다 균등하게 분배될 수 있다면 어떤 웹이 한국에서 구축될 수 있을까?

한국의 급속한 산업화 과정에서 미국과의 동반자 관계는 [산업]개발과 신자유주의의 연합을 촉진해 왔다. 이 산업화는 군사 독재 하에서 이루어짐으로써 한국 사회에서 부와 사회적 기회의 극적인 불균형을 영속시키고 조장했다. 재건 시기의 일상적인 부정의는 학생 민주화 운동으로 동일시되는 한 세대를 1980년대에 낳았다. 그들은 사회적으로 매우 헌신적이었으며, 군사 지배를 종결짓는 데 성공했다. [그러나] 오늘날 사회의 주역을 맡고 있는 이 급진적 학생 세대는 자신들의 청년기의 이상주의가, 전쟁 이후의 독재시기 동안 전통적인 수단으로 한국 경제의 핵심에 자리잡았던, 지배적이고 집요한 독점 자본주의 조건의 거센 도전에 직면해 있다는 것을 깨닫고 있다. 한국은 봉건제에서 비롯된 사회질서의 많은 전통적인 관념들을 버리지 않고 봉건제에서 근대로 이동했다. 그 결과 오늘날 한국은 경제적으로 보면 대체로 소수의 집단들이 나누어 가진 영지領地와 같다. 한국의 네티즌들은 일반적으로 이 조건을 묵인해 온 것처럼 보인다.

한국의 웹 풍경은 처음부터 소수의 거대 기업들, 거대 산업체들의 많은 자회사들이 지배했다. 지금도 여전히 그러하다. 한국에는 드미트리가 북미에서 합병 이전 [시기의] 목가적인 인터넷으로 기술하고 있는 인터넷 서비스 제공업체들의 "영세산업"이 거의 없었다. 한국에서 또래협력 네트워크의 아나키스트적이며 코뮤니스트적인 잠재력은 기껏해야 초기단계인 것처럼 보인다. 이것은 아나키즘과 코뮤니즘이 대학 외부의 일반 사회에서 사실상 금기시되는 상황과 관련이 있다. 사용자 정보의 중앙집중적 수집은 네티즌들에게 암묵적으로 용인된 현실이다. 한국에서 사생활과 익명성이란 개념은 유럽이나 미국과 달리 동일한 어원을 갖지 않는 것처럼 보인다. 그래서 우리는 큰 관심과 호기심을 갖고 이 책에서 제시된 제안과 서술들에 대한 한국 독자들의 반응을 고대하고 있다.

차례

나는 계급투쟁을 다루는 방법으로서 노동자들의 자기 조직화 생산이라는 이상을 이루기 위해 2001년에 '벤처 코뮤니즘'Venture Communism이라는 용어를 만들었다. 〈텔레코뮤니스트들〉Telekommunisten은 내가 2003년부터 살고 있는 독일 베를린에 있는 단체이다. 나는 2005년에 친구의 아파트를 방문했다가 (단체의 이름이 된) '텔레코뮤니스트'라는 용어를 처음 알게 되었다. 그 친구와 룸메이트는 아파트에서 사용하는 지역네트워크에 '텔레코뮤니스트'라는 이름을 붙이고 인터넷 접속을 공유하고 있었다.

텔레코뮤니스트는 독일의 구 국영전화회사인 도이치텔레콤Deutsche Telekom을 경멸하는 용어로 사용되어 왔다. 도이치텔레콤은 지금은 '티 모바일'T-Mobile이라는 세계적인 브랜드를 소유한 초국적 민영기업이다. 여기서 코뮤니스트 [공산주의자]라는 용어는 도이치텔레콤을 획일적이고, 권위적이며, 관료적인 거대기업으로 묘사하기 위해 사용된 말이다. 이것은 경제 계급 없는 자유사회라는 목표를 위해 계급투쟁에 참여한다는 의미의 긍정적인 사용과는 완전히 다른 이해방식이다. 자유사회는 사람들이 평등하게 생산하고 공유하는 사회, 소유권도 국가도 없는 사회, 이윤이 아니라 사회적 가치를 위해 생산하는 사회이다. 〈텔레코뮤니스트들〉은 분산된 코뮤니즘, 원격 코뮤니즘, 즉 텔레-코뮤니즘이라는 개념을 고양한다. 벤처 코뮌은 제한되고 고립될 수 있는 어떤 물리적 장소에 묶여 있는 것이 아니다. 〈텔레코뮤니스트들〉은 또래협력 네트워크[5]의 위상구조topology와 비슷한 방식으로, 생산자-소유자들의 국제 커뮤니티 사이에서 요구되는 조직화는 최소화하고 탈집중화를 지향한다.

나의 배경은 1990년대 초부터 활동해 온 해커 및 예술 커뮤니티에 있다. 나의 견해는 소프트웨어 개발과 행동주의 그리고 문화생산에 참여하는 과정에서 온/오프라인 글

---

5. [옮긴이] 또래협력(peer-to-peer, P2P) 네트워크는 접속된 개별 사용자가 자원의 공급자이면서 동시에 소비자로 작동하는 탈집중화되고 분산된 네트워크 형식으로, 클라이언트 사용자가 중앙 서버가 제공하는 자원에 접속하는 중앙집중적인 클라이언트-서버 모델과 대립된다. 또래협력 네트워크는 서버에 의한 중앙집중적인 조정을 필요로 하지 않으며, 검색이나, 파일공유, 오디오/비디오 스트리밍 같은 작업이 자신의 자원을 다른 네트워크 참여자가 직접 이용할 수 있게 공유하는 복수의 상호접속된 또래들 사이에서 이루어진다. 대표적인 예로 토렌트 등을 들 수 있다. 이 책에서 등장하는 '또래협력'이라는 표현은 모두 peer-to-peer(P2P)를 옮긴 것이다.

쓰기를 통해 발전되고 표현되어 왔다. 수년 간 어느 정도 글을 썼지만, 나의 글을 아는 사람들은 대개 인터넷이나 물리적 사회 공간들에서의 만남을 통해 나를 개인적으로 알고 있는 이들이다. 이 책은 '선언'Manifesto이다. 완벽한 이론적 체계, 독단적인 신념 또는 정치적 운동의 발판을 기술한다는 의미에서가 아니라, 시작 또는 서곡이란 의미에서이다. 이 '선언'에 착수하도록 독려했던 맛떼오 파스퀴넬리[6]는 우리 커뮤니티의 바탕을 이루는 나의 주장이 너무 묻혀 있다고 생각했고, 출판을 통해 "드러날 시간"이 됐다고 강조했다. 파스퀴넬리는 나를 히어트 로빙크와 이어주었다. 로빙크는 글의 구조와 접근방식을 제안했고, 편집자로서, 그리고 〈네트워크 문화연구소〉를 통해 발행인으로서 도움을 주었다.

『텔레코뮤니스트 선언』은 대부분 지난 수년 간 내가 쓴 글들과 내가 다른 사람들과 함께 쓴 글들을 발췌하여 재가공한 것이다. 이 책은 「카피라이트, 카피레프트, 크리

---

6. [옮긴이] 맛떼오 파스퀴넬리(Matteo Pasquinelli)는 작가이자 연구자로, 주로 이탈리아 오뻬라이스모와 프랑스 철학의 횡단, 미디어 이론, 생명과학에 대해 집필 및 강의를 하고 있다. 국내에 소개된 책으로 『동물혼』(갈무리, 2013), 그리고 「기계적 자본주의와 네트워크 잉여가치 : 튜링기계의 정치경제학」, 『자본의 코뮤니즘, 우리의 코뮤니즘』(난장, 2012)이 있다.

에이티브 안티-커먼즈」[7]의 중요한 구절을 포함하고 있다.[8]

---

7. [옮긴이] Anna Nimus, 'Copyright, Copyleft and the Creative Anti-Commons,' *Subsol*, http://subsol.c3.hu/subsol_2/contributors0/nimustext. html

8. [옮긴이] 이 책에는 카피라이트와 관련한 다양한 용어들이 등장한다. 우선 카피라이트(copyright)는 저자가 법에 의하여 자신의 저작물에 대해 가지는 배타적인 권리로서, 저작권자는 법에서 정하는 바에 따라 다른 사람의 저작물 이용을 허가하거나 금지할 수 있다. 때문에 저작물을 이용하려면 저작권자의 이용허락을 받아야 하는데, 사용자는 이용허락을 위해 일반적으로 사용료(저작권료)를 지급한다. 카피라이트를 '저작권'으로 표기할 경우 카피레프트, 카피파레프트 등 기타 용어들과의 관련성이 잘 드러나지 않으므로 이 책에서는 일관되게 카피라이트로 음역하였다. 퍼블릭도메인(public domain)과 안티카피라이트(anti-copyright), 카피레프트(copyleft)는 모두 모든 사람들이 자유롭게 사용할 수 있는 비-소유의 공유공간을 창출하기 위한 시도이다. 일반적으로 퍼블릭도메인(public domain)은 저작자가 카피라이트를 포기한 경우, 카피라이트 보호기간이 지난 경우, 법령이 특정 저작물에 대한 카피라이트 소멸을 규정한 경우에 발생하며 누구든지 자유롭게 복제, 수정할 수 있도록 공개된 상태 혹은 그러한 상태의 저작물을 가리킨다. 안티카피라이트는 카피라이트에 대한 절대적인 거부로서 지적재산권 전체를 폐지하기 위한 운동이다. 카피레프트는 이와 달리 카피라이트를 인정하되 '레프트'의 시각에서 접근한다. 퍼블릭도메인과 안티카피라이트가 아무런 보호수단을 주장하지 않기 때문에 자본주의 기업들에게 전용될 수 있는 문제가 발생한다는 인식 하에 카피레프트는 카피라이트 법을 이용하여 카피레프트 저작물은 카피레프트로 계속 공유되어야 한다는 제한을 가지고 있다. 크리에이티브 커먼즈(CC)는 카피라이트를 보다 적극 수용하여 생산자에게 저작물의 용도를 제한할 수 있는 권리를 부여함으로써 생산자의 권리를 보다 확대한다. 이러한 라이선스들은 정보생산물의 자본주의적 이용에 대한 저항으로 시작했다고 볼 수 있지만 여전히 기업들은 해당 라이선스를 어기지 않으면서 상업적으로 이용할 수 있으며, 비상업적 이용을 조건으로 하는 경우 공유지 기반의 상업적 이용 또한 금지할 수 있다는 문제가 있다. 때문에 저자가 이 책에서 주장하는 카피파레프트(copyfarleft)는 카피레프트에 기초하되 새로운 기준을 도입한다. 상업적

이 글은 조앤 리차드슨과 함께 썼고, 〈서브솔〉subsol 웹사이트에 '안나 니무스'Anna Nimus라는 이름으로 실렸다. 인터넷의 상업화를 다룬 글의 대부분은 브라이언 위릭과 함께 써서 『뮤트 매거진』에 실렸던 「정보인클로저 2.0」Infoenclosure 2.0 9에서 가져온 것이다. 또한 『뮤트 매거진』 편집자 조세핀 베리 슬레이터와 앤소니 아일스에게 감사드리고 싶다. 이들은 대부분의 내용이 이 책에 다시 사용된 「정보인클로저 2.0」과 「카피저스트라이트, 카피파레프트」10를 위해 애써주었다.

많은 사람들이 예전의 글들을 하나의 책으로 통합하고 확장하는 데 도움을 주었다. 특히 〈네트워크 문화연구소〉의 레이첼 소머스 마일스와 엘리스 헨드릭, 매튜 풀러, 크리스티안 푸흐스, 알리다드 매피네즘, 다니엘 쿨라, 피트

이용에 대한 계급적 제한이 그것으로 노동자 소유 기업은 카피파레프트 저작물을 자유롭게 이용할 수 있지만 사적 소유 기업의 사용은 제한된다. 카피파레프트는 이러한 기준을 통해 상업적 이용이 아니라 공유지에 기반하지 않은 사용을 제한하고자 하는 의도를 가지고 있다. 카피라이트, 카피레프트, 크리에이티브 커먼즈에 대한 저자의 비판과 카피파레프트에 대한 더 자세한 내용은 이 책 3장 「자유문화 비판을 위하여」에서 확인할 수 있다.

9. [옮긴이] http://www.metamute.org/editorial/articles/infoenclosure-2.0

10. [옮긴이] 『뮤트 매거진』(Mute Magazine)에는 「카피파레프트와 카피저스트라이트」(Copyfarleft and Copyjustright)라는 제목으로 실려 있다 (http://www.metamute.org/editorial/articles/copyfarleft-and-copyjustright).

슐츠, 제프 맨은 상세한 의견을 주었다. 카피파레프트[copy-farleft] 라이선스의 모델로 이 책에 수록된 또래생산 라이선스는 존 매갸르 덕분에 크리에이티브 커먼즈 라이선스를 바탕으로 작성될 수 있었다.

서론

『정치경제학 비판을 위하여』서문에서 맑스는 "발전의 특정 단계에서, 사회의 물질적 생산력들은 기존의 생산 관계들과 모순에 빠진다"[1]고 주장한다. 정보화 시대에, 가능한 것과 허용되는 것은 직접적인 갈등관계에 놓인다. 출판 업자와 영화 제작자, 텔레커뮤니케이션[2] 산업은 자유 네트워크를 파괴하고 억누르기 위해, 즉 자신들의 통제 밖에서 정보가 유통되는 것을 막기 위해 입법자들과 공모한다. 예술가와 팬fan이 더욱 가깝게 융합하면서 새로운 상호작용 방식들을 모색함에 따라, 음반업계 기업들은 예술가와 팬

---

1. Karl Marx, 'Preface', *A Contribution to the Critique of Political Economy*, Marxists Internet Archive, http://www.marxists.org/archive/marx/works/1859/critique-pol-economy/preface.htm. [칼 맑스, 「『정치경제학의 비판을 위하여』 서문」, 『칼 맑스 프리드리히 엥겔스 저작 선집』 2, 최인호 옮김, 박종철출판사, 478쪽.]

2. [옮긴이] 고대 그리스어로 '멀리 떨어진'이라는 뜻을 지닌 '텔레'(tele-)와 '의사소통'의 뜻을 지닌 '커뮤니케이션'(communication)의 합성어인 텔레커뮤니케이션(telecommunication)은 다양한 기술적 수단을 사용하여 멀리 떨어져 있는 사람들 간에 이루어지는 의사소통을 뜻하는 말이다. 초기의 텔레커뮤니케이션 기술로는 봉화, 수기신호, 북 등이 사용되었으며, 오늘날에는 정보통신 기술의 발달에 따라 전신, 전화, 라디오, 텔레비전, 인터넷 등의 전기·전자적 기술이 주로 사용되고 있다. 텔레커뮤니케이션은 일반적으로 '원거리 통신', '전기 통신', '전자 통신' 등으로 옮길 수 있으나, 이 책에서는 '텔레코뮤니스트', '텔레코뮤니즘' 등과 함께 '텔레커뮤니케이션'으로 옮겼다. 그것은 텔레-코뮤니즘이 텔레-커뮤니케이션의 발달에 기반함에 따라 두 용어를 분리해서 사고할 수 없게 되었기 때문이다. 즉 긴밀한 관계를 맺고 있는 communism과 communication을 각각 '공산주의'와 '의사소통'으로 옮길 경우 두 개념 간의 관계가 잘 드러나지 않는 문제가 발생하기 때문에 음역을 선택하였다.

의 매개자로서의 자신의 위치를 강제로 유지하려 한다.

경쟁하는 소프트웨어 제작자들은 통제를 부과하는 도구를 생산하고, 통제를 피하는 도구도 생산하면서, 무기 제조업체들처럼 갈등의 양축과 모두 손을 잡는다. 인터넷 같은 또래 네트워크peer network에 의해 가능해진 비위계적 관계들은 인클로저3와 통제를 필요로 하는 자본주의와 모순된다. 이것은 목숨을 건 싸움이다. 우리가 아는 바의 인터넷이 없어지거나, 아니면 자본주의가 없어져야 한다. 자본은 또래 커뮤니케이션이 새로운 사회를 열게 하는 대신, 컴퓨서브4와 휴대전화, 케이블 텔레비전의 네트워크 암흑시대로 우리를 되돌려 놓을 것인가? 그렇다. 할 수만 있다

---

3. [옮긴이] 인클로저(enclosure)는 본래 공유지에 울타리나 담을 쌓아서 농민들을 생활 수단으로부터 배제하는 것을 의미한다. "피와 불의 문자로 쓰인" 이 역사는 공유지 기반 관계를 파괴하여 농민들로 하여금 자본주의적 근대성 하에서 임노동을 하며 살도록 강제하기 위한 것으로서 자본주의 확립 과정의 기본요소였다. 저자는 웹2.0의 등장을 인터넷의 자연스러운 발달 과정이 아니라 공유지로 기능하던 초기 인터넷의 또래협력적 양상을 파괴하여 중앙집중화된 서비스에 의존하게 만드는 정보인클로저(infoenclousre) 과정으로 파악한다.

4. [옮긴이] 컴퓨서브(CompuServe)는 국내의 천리안, 하이텔 등과 같이, 정보 서비스 제공을 위한 호스트 컴퓨터에 서비스 가입자들이 접속하여 이용하는 형태의 온라인 서비스였다. 미국의 첫 번째 메이저 상업 온라인 서비스로, 이메일, 뉴스, 토론게시판 등의 서비스를 제공했다. 1980년대 미국 PC통신 시장을 지배했으나 2009년 7월 서비스가 종료되었고, 이후 새로운 버전이 컴퓨서브 2000이란 이름으로 제공되고 있다.

면. 맑스는 단언한다. "사회질서는 그것이 충분히 포용하고 있는 생산력들 모두가 발전하기 전에는 결코 몰락하지 않으며, 더 발전한 새로운 생산 관계들은 자신의 물질적 존재 조건들이 낡은 사회 자체의 태내에서 부화되기 전에는 결코 나타나지 않는다."[5]

『텔레코뮤니스트 선언』은 사회적 투쟁에서 경제적 능력이 우선한다는 인식에서 출발하는, 계급투쟁과 소유권에 대한 탐구이다. 이 책의 해석은 부와 권력이 본질적으로 연결되어 있고, 부를 통해서만 권력이 성취될 수 있다는 이해와 항상 결부되어 있다. 지식노동자 집단으로서 〈텔레코뮤니스트들〉의 작업은 자유소프트웨어와 자유문화 커뮤니티에 매우 깊숙이 뿌리박고 있다. 그러나 이 선언의 주요 전제는 소프트웨어 개발과 비물질적 문화저작물의 생산만으로는 충분하지 않다는 것이다. 비물질적 재산의 공유화communization만으로는 물질적인 생산적 자산의 분배를 변화시킬 수 없고, 따라서 착취를 폐지할 수 없다. 노동자들에 의한 생산의 자기조직화만이 그것을 가능하게 할 수 있다.

〈텔레코뮤니스트들〉 프로젝트는 국제 텔레커뮤케이션,

---

5. Ibid.

전 지구적 이주, 정보경제가 출현한 시대의 계급투쟁에 대한 탐구에 기초하고 있으며, 이 책은 이 프로젝트를 낳은 견해에 대한 개괄이다. 이 글의 목적은 〈텔레코뮤니스트들〉이 기반을 두고 있는 기본적인 이론적 틀에 대한 개요를 포함하여, 〈텔레코뮤니스트들〉의 정치적 동기를 소개하는 것이다. 밀접하게 관계 맺고 있는 두 장[*], 「또래협력 코뮤니즘 대 클라이언트-서버 자본주의 국가」와 「자유문화 비판을 위하여」를 통해, 선언[이 책]은 네트워크 위상구조와 문화 생산의 정치경제학을 각각 드러낸다. 「또래협력 코뮤니즘 대 클라이언트-서버 자본주의 국가」는 인터넷의 상업화와 네트워크 분산 생산의 출현에 초점을 맞춘다. 이 장은 계급투쟁을 위한 수단으로서의 새로운 조직화 형식, 즉 벤처 코뮤니즘을 제안한다. 이 장은 네트워크 사회를 위한 선언으로 각색된, 맑스와 엥겔스가 『공산당 선언』[6]에서 제시했던 유명한 강령으로 끝을 맺는다.

　「자유문화 비판을 위하여」는 앞의 장에 기초하여, 카피라이트의 역사와 그에 대한 오해, 자유소프트웨어 운동, 안티카피라이트/카피레프트에 대한 이견, 자유소프트웨어와 자유문화의 정치경제학을 계속해서 다룬다. [그리고] 자

---

6. [한국어판] 칼 마르크스·프리드리히 엥겔스, 『공산당 선언』, 강유원 옮김, 이론과실천, 2008.

유소프트웨어의 성과를 자유문화로 확장하는 도전을 사회주의 좌파의 전통적 프로그램과 연결시키면서 다룬다. 이는 카피파레프트로 이어지며, 또래생산 라이선스를 하나의 모델로 제안한다.

이 책은 특히 정치적 동기를 지닌 예술가와 해커, 활동가를 대상으로 하고 있다. 확고한 견해를 전도하기 위해서가 아니라, 진행 중인 비판적 논의에 기여하기 위해서이다.

또래협력 코뮤니즘 대對
클라이언트-서버 자본주의 국가

사회는 사회적 관계들로 구성된다. 이 사회적 관계들은 사회를 구성하는 구조들을 형성한다. 그렇다면 컴퓨터 네트워크는 경제 시스템처럼, 사회적 관계들의 측면에서 기술될 수도 있다. 코뮤니즘 지지자들은 평등의 공동체를 오랫동안 그려 왔다. 또래협력 네트워크는 그런 관계들을 자신의 구조에서 수행한다. 반대로 자본주의는 특권과 통제에 기대고 있으며, 컴퓨터 네트워크의 경우에 오로지 집중화된 클라이언트-서버1 어플리케이션applications으로 조작될 수 있다는 특징을 지닌다. 경제 시스템은 클라이언트-서버 어플리케이션이 창조하는 네트워크를 형성하며, 네트워크가 일상 생활에 점점 통합됨에 따라 결국 경제 시스템은

---

1. [옮긴이] 클라이언트-서버(client-server) 네트워크는 특정 컴퓨터(서버)가 다른 컴퓨터(클라이언트)에 대한 서비스 제공이라는 특별한 전용 업무를 가진 네트워크를 말한다. 다시 말해 정보 및 서비스를 제공하는 호스트 서버(공급자 컴퓨터)와, 서버에게 서비스를 요청하고 기다리는 클라이언트(사용자 혹은 사용자의 컴퓨터)로 이루어져 공급자와 사용자가 구별된다. 서버는 자신의 자원을 클라이언트와 공유하는 여러 프로그램을 운영한다. 클라이언트는 자신의 자원을 공유하지 않으며 서버에게 콘텐츠나 서비스를 요청한다. 호스트(주인 또는 중앙) 서버와 클라이언트(고객)라는 용어에서 알 수 있듯이 클라이언트가 호스트 서버에 의존적인 구조를 지님으로써, 개별 사용자가 자원의 공급자이면서 동시에 사용자가 되는 또래협력(P2P) 네트워크와 대립된다. 클라이언트-서버 모델을 사용하는 컴퓨터 어플리케이션으로 네트워크 프린팅, 월드와이드웹(WWW) 등을 들 수 있다. 클라이언트-서버라는 표현이 이미 보편적으로 쓰이고 있으므로 혼돈을 피하기 위해 이 책에서도 음역을 따랐다. 또래협력 네트워크에 대해서는 이 책의 13쪽(각주 5)을 참고.

클라이언트-서버 어플리케이션에 의해 형성된다. 따라서 네트워크 위상구조에서 부상하는 경향들과 그 사회적 함의를 파악하기 위해서는 정치경제학에 대한 비판적 해석이 필수적이다.

인터넷의 역사는 이러한 과정이 어떻게 전개되어 왔는지를 보여준다. 인터넷은 또래협력 코뮤니즘의 관계들을 구현한 네트워크로 출발했지만, 자본주의적 금융에 의해 비효율적이고 예속된 클라이언트-서버 위상구조로 조정되어 왔다. 생산자들이 전 지구적 규모에서 협력할 수 있게 하는 또래협력 네트워크들의 존재는 새로운 생산형식들을 예고해 왔다. 지금까지 이러한 또래생산은 주로 무형의 비물질적 창조에 한정되었지만, 물질적 생산으로 확장될 잠재력을 가지고 있으며 자본주의의 존재에 대한 위협이 될 수 있다. 이를 위해 벤처 자본주의venture capitalism에 대한 대안은 자유 네트워크와 자유사회를 구축하기 위해 필요한 집합적 소유의 물질적 부를 획득하고 효율적으로 배치하는 수단을 제공해야 한다.

우리는 벤처 코뮤니즘이 필요하다. 이것은 소유권 기반 자본주의의 계속되는 팽창에 대항하는 투쟁의 형식이자, 또래협력 네트워크 위상구조와 역사상의 목축 공유지

commons 2에 의해 고취되는 노동자 자기-조직화를 위한 모델이다.

인터넷 노동계급의 상태

사회를 바꾸는 유일한 길은 다르게 생산하고 공유하는 것이다.

자본주의는 자기-재생산 수단들을 가지고 있다. 이러한 자본주의가 바로 벤처 자본주의이다. 자본가는 잉여가

---

2. [옮긴이] 공유지(the commons)는 본래 봉건시대에 농민들이 공유하면서 공동 경작했던 토지를 의미한다. 피터 라인보우(Peter Linebaugh)는 『마그나카르타 선언』(갈무리, 2012)에서 인클로저 이전 공유지에 기반한 생활과 이를 뒷받침한 「삼림헌장」의 역할에 대해 서술하고 있다. 그에 따르면 18세기만 해도 잉글랜드의 들판은 대체로 개방되어 있었고 자작농, 아이들, 여성들이 공통하기(commoning)를 통해 삶을 유지할 수 있었으나 인클로저에 의해 이러한 삶의 양식은 사라지기 시작했다. 이 책에서 저자가 이야기하는 공유지는 공유 토지 같은 물질적인 것뿐 아니라 비물질적인 인지노동의 성과물까지 포함하는 것이다. 저자는 현대의 또래협력 네트워크를 과거의 목축 공유지와 비교하면서 현대의 공유지는 단일한 공간에 위치하는 것이 아니라 지구를 가로지르며 자본주의의 계급화로부터의 탈출구를 제공한다고 주장한다. 그러나 클라이너는 공유지 기반 또래생산을 비물질적 영역으로만 제한하는 움직임 또한 비판하면서 공유지의 범위를 물질적 재화까지 아우르는 것으로 확장하기 위해, 카피파레프트와 벤처 코뮤니즘을 하나의 수단으로 제안하고 있다.

치의 끊임없는 포획에서 생겨나는 부에 대한 접근을 통해, 혁신가들이 시작하는 데 필요한 현재의 부를 [제공하는] 대가로 이들이 창조하는 것의 미래의 생산가치를 판매함으로써, 각각의 새로운 혁신가 세대에게 자본가 클럽의 하급 사원이 될 기회를 제공한다. 훔친 가치, 과거의 죽은 가치가 아직 태어나지 않은 미래의 가치를 포획한다. 혁신가들 또는 이들이 만든 조직 및 산업의 미래 노동자들 누구도 자신의 기여에 대한 가치를 보유하지 못한다.

이 '보유하지 못한' 가치는 혁신의 그 다음 물결을 계속해서 포획하는 부를 형성한다. 포획된 부는 노동자의 이익을 희생하여 자산 소유자의 이해관계를 사회에 부과하기 위해 정치적 통제를 지향하는 사적 소유자에 의해 이용된다. 혁신이 공통의 부common wealth 내에서, 공통의 부를 위해서 생겨나고 발달할 수 있도록 하기 위해서 우리에게는 벤처 코뮤니즘이 필요하다. 우리는 공유지 기반 생산 관계들을 창조하고 재생산하는 방법들을 개발해야 한다.

노동의 산물을 포획하는 이들이 공유지 기반 생산자인지 아니면 자본주의적 전유자appropriators인지에 따라 우리가 살아갈 사회의 종류가 협력과 공유에 기반을 둔 사회일지, 아니면 강제와 착취에 기반한 사회일지가 결정될 것이다. 계급화에 맞서는 벤처 코뮤니스트 투쟁이야말로 가장 필수적이다. 우리 사회는 빈곤과 부정의라는 오래된 고통에 직면하고 있을 뿐 아니라, 소수 엘리트의 축적을 유지하기 위해 요구되는 생산수준이 우리를 반복해서 전쟁으로 이끌고 필연적으로 환경 재앙에 이르게 한다는 것이 분명해지고 있다. 보다 공정한 사회를 이룩하지 못하면 우리가 견딜 수 있는 것보다 훨씬 심각한 결과가 초래된다. 보다 공정한 사회를 이루기 위해서는 필요한 공간과 도구, 자원은 공통재common stock로 이용할 수 있어야 하고, 동등하게 생산하고 공유하는 분산된 또래 커뮤니티의 생산에 이용되어야 한다.

정치는 사상ideas의 대결이 아니라 능력의 대결이다. 사상은 강력하며 그것의 발달과 이행은 분명히 정치적 영향력을 가질 수 있다. 하지만 사상의 발달과 이행은 그것의 본질적 가치에 따라 결정되는 것이 아니라, 그 사상으로 이득을 보는 이들과 위협을 받는 이들 간의 상대적인 권력에 따라 결정된다. 사회 질서를 바꾸는 능력은 무엇보다 경쟁하는 커뮤니케이션 및 로비 능력을 극복하기 위한 수단을 요구한다. 커뮤니케이션 및 로비 능력의 기반은 경제적 능력이다. 그래서 변화는 그것에 저항하는 이들의 부를 극복하기에 충분한 부의 이용을 요구한다. 그러한 부는 오직 생산에서만 생겨난다.

따라서 새로운 생산 및 공유 방식들은 모든 사회질서 변화의 전제조건이다. 이러한 새로운 생산 및 공유 방식들은 새로운 종류의 관계들, 즉 새로운 종류의 사회를 낳을 수 있는 새로운 경제 구조를 구성하는 새로운 생산관계들의 창출을 요구한다. 아무리 견고하고 무자비하게 강요되는 사회질서라 할지라도, 새로운 생산 및 공유 방식들이 출현할 때 그 전환에 저항할 수는 없다.

반복하자면, 사회는 사회적 관계들, 즉 생산관계들을 포함하는 관계들로 구성된다. 이 생산관계들은 사회의 경제구조를 구성하며, 나아가 사회를 규정하는 법 및 정치 구조들을 낳는다. 소비자와 판매자, 소작인과 지주, 고용인과 고용주, 부와 특권에서 생겨난 것과 불안정과 투쟁에서 생겨난 것 간의 관계들은 모두 이러한 생산관계들의 산물이다. 이 관계들은 사물이 사회에서 어떻게 생산되고 공유되는지를 결정한다. 타인의 노동 생산물의 유통을 통제할 수 있는 사람들은 자신의 이해관계에 따라 법과 사회제도를 부과할 수 있다. 자신의 노동 생산물을 통제할 수 없는 사람들은 [이에] 저항할 수 없다.

자본주의는 자신의 생존과 성장을 위해 가치의 전유에 의존한다. 아마도 '카지노 경제'라고 해야 더 좋을, '자유시장경제'라는 음흉한 수사는 특권과 착취의 체제를 정당화하기 위한 연막이다. 분명 눈에 띄게 성공한 몇몇 사람들이 있지만, 그 가능성은 아주 희박하다. 그 가능성을 개척하기 위한 모든 조직적인 시도는 아마도 폭력적으로 차단될 것이다. 순수 자유경제에서 생산자들 간의 경쟁은 모든 것의 가격을 가장 낮은 수준으로 하락시킨다. 상품이 진정으로 완벽한 '시장'에서 거래된다면, 토지와 자본은 노동의 경우처럼 공급을 위한 생산비용 이상은 절대 벌어들일 수 없을 것이다. 노동에서 면제되는 계급은 있을 수 없다. 그런 계급을 지탱할 소득이 없을 것이기 때문이다.

자본가 계급이 존재하기 위해서 시장은 조작되어야 한다. 사실 모든 시장이 그렇다. 자본주의는 자본가격을 노동에서 공제하여 증가시켜야 한다. 사실상 '자유시장'은 자산 소유자가 자신의 특권은 유지하면서 노동자에게 부과하는 짐이다. 자본은 노동자들이 하나의 계급으로서 자산을 획득하기에 충분한 수입을 보유할 수 없도록 노동가격을 충분히 낮게 유지해야 한다. 노동자들이 자산을 획득할 수 있다면 자신의 노동을 자본가에게 판매하는 것도 중단할 수 있을 것이다.[3] 따라서 자본주의는 자유시장으로

---

3. [옮긴이] 맑스에 따르면 노동자가 자본가에게 판매하는 것은 노동이 아니라 노동력이다. 맑스는 노동과 노동력을 구분함으로써 자본주의적 생산 과정에서 일어나는 착취를 설명할 수 있었다.

는 존재할 수 없다. '자유시장'에 대한 모든 사고는 자본주의 신화의 일부이다. 자유시장은 자본주의 내에서 가능하지 않으며 자본주의가 없다면 자유시장이라는 것도 존재하지 않을 것이다.

이윤을 추구하는 자본가들의 억압으로부터 '자유롭다면', 생산자들은 이윤이 아니라 사회적 가치를 위해 생산할 것이다. 사적인 생활과 가족 생활에서 그러한 것처럼, 그리고 비자본주의적 공동체에서 그러한 것처럼 말이다. 이것은 자유사회에서는 경쟁이 없다거나, 자유사회의 구성원들이 자신의 노동으로부터 이익을 추구하지 않는다는 말이 아니다. 사실 복잡한 사회에서 요구되는 노동분업은 교환과 상호의존을 불가피한 것으로 만든다. 그러나 현재 사용되는 것과 같은 '시장'이란 메타포는 더 이상 유지될 수 없을 것이다.

'시장경제'는 그 자체로 감시 경제이다. 여기서 생산과 소비에 대한 기여는 아주 상세히 측정되어야 한다. 그것은 회계사와 경비원의 경제이다. 개별적으로 가격이 매겨지는 거래의 아주 작고 환원주의적인 목록 속에 있는 가치 교환의 회계는 보다 유동적이고 일반화된 교환 형식으로 대체되어야 한다. 소유로부터 이윤을 최대화하려는 동기, 즉 거의 항상 비합리적이고 파괴적인 생산형식들 이면의 동력을 훨씬 더 강한 생산 동기가 대신할 것이다. 이것은 우리의 삶과 사회에 직접적인 혜택을 주는 일을 하는 것, 즉 실제 세계의 필요와 욕망을 채우는 생산이다.

자본주의 옹호론자들은 이러한 동기들이 하나이며 같은 것이라고, [그 유일한 동기인] 이윤은 공동체에 필요한 것을 생산하는 일에 대한 재정적 보상일 뿐이라고 주장할 것이다. 그러나 이 [생산-보상] 관계는 아무리 좋게 보아도 보잘것없다. 공급이 부족한 상품의 가격 상승은 특정 영역을 향한 직접적인 생산활동을 낳지만, 자산 소유자는 이 생산으로 이윤을 추출할 뿐 사회적 필요에는 별 관심이 없다. 이윤이 동기가 되면 탐욕스럽고 착취적이며 반反경쟁적인 사업관행을 통해 가격이 증가하거나 비용이 감소할 수 있다. 이것은 공동체의 필요 충족에 도움이 되지 않는다. 노동자들이 자신의 자본을 형성할 수 있을 때, 그래서 자신의 노동 생산물 전체를 보유할 때, 그런 사업관행을 추구할 동기가 서서히 사라진다.

자본주의적 통제를 부과하는 사람들을 만족시키기 위해 우리의 소비와 생산을 보고하고 측정할 필요가 없다면, 자유사회의 노동자들은 '시장경제' 내에서 이윤을 극대화하기 위해 배타적인 생산을 하려고 애쓰지 않아도 될 것이다. 대신 노동자들은 자신이 원하고 자신의 공동체에 필요한 것을 생산하는 데 힘을 집중하기로 결정할 수 있을 것이며, 상호존중 하에 자신의 노동 생산물을 공유하고자 할 것이다. 이러한 유형의 경제는 '시장'과는 다르다.

사회 전체가 흔히 그리고 무비판적으로 물리적 시장이란 용어로 기술될 만큼 '시장'은 '자유로운 교환'에 대한 널리 퍼진 메타포가 되었다. [그러나] 물리적 시장은 자유로운 공간이 아니다. 시장의 물리적 위치에 대한 통제는 언제나 지배층과 권력자의 영역이었고, 물리적 시장에의 근접은 경제학자들이 '경제지대'라고 이야기한 불로소득의 교과서적인 사례이다. 시장 가판대는 생산자와 소비자 간 분리의 물리적 현시顯示이다. 이 중 어떤 것도 자유사회의 본질적인 특징으로 보이지 않는다. 이상화되고 불가능한 '자유시장' 대신 노동자들의 경제는 '네트워크 경제'로 더 잘 개념화될 수 있다. 네트워크 경제에서 독립적인 참여자들은 누구도 중심에서 통제하지 않고 자발적인 상호접속으로 구성되는 공통적인 발판의 맥락 내에서 상호간의 욕망에 따라 교환한다.

자본주의는 네트워크 경제 내에 통제를 도입하기 위해, 특히 공인된 경로를 통해 관계들을 통제하기 위해 국가에 의존한다. 그러지 않았다면 생산자들이 보유했을 가치를 포획하기 위해서 말이다. 통제 지점들이 사회 관계들의 자연적인 망 속으로 도입된다. 따라서 '시장경제'는 물리적 시장의 '예속적인' 조건을 사회에 폭넓게 부과하는 것이다. 생산자와 소비자의 구별은 유통이 통제될 수 있도록 강제되어야 하고 지배층과 권력자는 특권적인 접근권을 가져야 한다.

사회 그 자체를 시장으로 여기는 터무니없는 환원주의적 사고는 착취자와 도박꾼을 위한 천국, 즉 자본주의의 공상으로부터 생겨난다. 국가는 시장 관계를 사회 전체에 도입하는 수단을 제공한다. 지배계급을 대표하여 계급들 사이를 조정하는 국가의 전통적인 역할은 국가의 영토주권에 기반하고 있다. 네트워크 경제를 통제하는 국가의 능력은 참여자들이 주로 국경 내에서 상호작용한다는 사실에 기반하고 있다. 네트워크가 국가 너머로 확장되면, 네트워크는 영토에 기반한 가치 포획을 약화시킴으로써 국가 그 자체에 위협이 될 잠재력을 가지고 있다.

소유권title과 특권을 부여하는 국가의 능력은 폭력의 합법적 사용에 대한 국가 독점을 통해 그 이점을 집행할 수 있는 능력에 기반하고 있다. 전 지구적인 또래 네트워크에 기반한 커뮤니케이션은 그러한 위계 내에 있는 폭력에 저항하고 그것으로부터 벗어나기 위한 가능성을 가지고 있다. 횡단국가적transnational, 횡단지역적trans-local 공동체들

사이의 사회적 관계들은 초영토적extra-territorial 공간 내에서 작동한다. 여기서 소유권과 특권의 작동은 상호이익과 협의의 관계들로 대체될 수 있다.

또래협력 네트워크와 유사한 구조를 가진 생산양식은 역사상 존재했던 목축 공유지를 연상시키는 관계를 가지고 있다. 오래 전에 사라진, 공통적으로 보유되었던 이 토지는 가축을 기르기 위해 사용되었고 근대적 법률 및 통치에 선행하는 고대의 권리에 의해 조정되었다. 그러나 현대의 공유지는 단일한 공간에 위치하는 것이 아니라 지구를 가로지르면서 통제와 추출의 자본주의적 논리를 약화시켜 자본주의의 계급화로부터의 탈출구에 대한 희망을 우리 사회에 제공한다. 이러한 잠재적 생산양식의 사례는 쉽게 찾을 수 있다.

인터넷 같은 또래 네트워크들 그리고 이를 지속시키는 모든 물질적 및 비물질적 투입들은 많은 사람들이 독립적으로 사용하는 공통재로 기능한다. 흔히 또래 네트워크들에 기반하여 생산과 소비가 이루어지는 자유소프트웨어는 모두가 이용할 수 있는 공통재이다. 자유소프트웨어는 그것에 기여하는 다양하고 분산된 생산자들이 만들어 낸다. 왜냐하면 이들은 그 소프트웨어에 개별적으로 기여한 가치보다 훨씬 더 많은 가치를, 그 소프트웨어를 자신의 생산에 사용함으로써 획득하기 때문이다. 음반 및 영화 산업이 파일공유 기술 사용자들에게서 포획하는 로열티와 수수료(지대)에 대한 대중의 비난은 복제 통제에 소득을 의존하는 이들이 직면한 어려움을 보여준다. 대중 교통수단과 국제 이주는 국경을 가로지르며 진행 중인 개인 간의 그리고 대부분 비공식적인 경제 관계들을 유지하는 분산된 공동체들을 만들어 왔다.

이 모든 것은 현재의 소유권 기반 관계들을 초월하고 미래의 잠재적인 길로 향하는 새로운 생산 관계들의 사례이다. 텔레커뮤니케이션의 발달, 특히 인터넷 같은 또래 네트워크들의 출현은, 국제 운송수단 및 이주와 더불어 분산된 공동체들이 전 지구적인 규모에서 즉각 상호작용할 수 있게 되면서 광범위한 혁명적 가능성들을 창출한다. 우리의 삶과 관계들은 더 이상 영토로 구획된 국민국가에 한정될 필요가 없다. 정치 및 기업 권력층의 억압이 우리의 저항과 탈주를 막기 위하여 늘 엄격한 통제를 부과할지라도, 그들이 절대 완전히 성공할 수 없을 만큼 변화의 규모가 매우 크다는 점에서 혁명적 희망을 품을 수 있다.

또래협력 기술과 자유소프트웨어, 국제 커뮤니티의 출현이 두드러짐에 따라 사회 변화에 대한 장애물들은 기세가 꺾이고 있다. 우리는 자본가 엘리트가 마음대로 사용할 수 있는 거대한 부의 축적을 극복해야 한다. 이 부는 그들에게 자신의 이해관계에 따라 사회를 조형할 수 있는 능력을 제공한다. 우리는 사회를 변화시키기 위해 공유지의 영역을 적극적으로 확장해야 한다. 그래야만 독립적인 또래 커뮤니티들이 물질적으로 지속가능하며 자본주의의 침입에 저항할 수 있다.

우리에게서 빼앗아가도록 내버려둔 모든 생산성은 우리 자신에게 억압의 형식으로 되돌아올 것이다.

네트워크 경제에 대한 국가의 개입 중 가장 주된 것은 소유권의 강제[집행]이다. 소유권은 본질적으로 자유에 적대적이다. 소유권은 멀리서도 생산적 자산을 통제할 수 있는 능력, 즉 다른 누군가가 생산적 용도로 사용하는 무언가를 '소유하는' 능력이다. 소유권은 개인과 공동체의 예속을 가능하게 한다. 소유권이 군주인 곳에서 자유란 있을 수 없다. 희소자산의 소유자들은 자산에 대한 접근을 거부함으로써 삶을 부정할 수 있고 따라서 살아 있는 자들이 재생산 비용 이상의 보수는 받지 못하는 노예처럼 일하도록 만든다.

소유자가 노동자의 생산물을 전유함으로써 얻는 소득을 경제 용어로 지대^{rent}라고 부른다. 영국의 고전정치경제학자 데이비드 리카도는 19세기 초에 처음으로 경제지대에 대해 기술했다. 간단히 말해, 경제지대란 생산적 자산의 소유자가 단지 소유 그 자체로부터 벌어들일 수 있는 소득이다. 소유자는 무엇을 한다거나 어떤 기여를 해서가 아니라 단지 소유하는 것만으로 지대 소득을 얻는다.[4] 존 스튜어트 밀의 말처럼 지대 소득자는 잠을 잘 때도 돈을 번다.[5]

하나는 주요 경제 중심지에 있고 다른 하나는 소도시에 있는 두 개의 동일한 건물을 예로 들어보자. 두 건물 모두 동일한 자재로 지어졌고 유지하기 위해 동일한 양의 노동이 필요하며, 이 건물을 주거 혹은 상업 공간으로 시장에 내놓기 위해 소유자가 부담해야 하는 비용의 차이는 없다. 그러나 건물을 유지하기 위해 지출된 노동과 비용이 동일함에도 불구하고 대도시에 있는 건물은 소도시에 있는 건물보다 더 많은 소득을 가져다 줄 것이다. 이 차이가 경제지대이며, 이것은 주거를 위해 지불하는 대가라는 측면에서의 지대[임대료]가 아니다. 지대가 징수되는 건 생산에

---

4. David Ricardo, *On Principles of Political Economy and Taxation* (London : John Murray, 1821), Library of Economics and Liberty, http://www.econlib.org/library/Ricardo/ricPCover.html [데이비드 리카도, 『정치경제학과 과세의 원리에 대하여』, 권기철 옮김, 책세상, 2010].

5. John Stuart Mill, *Principles of Political Economy with some of their Application to Social Philosophy*. Library of Economics and Liberty, http://www.econlib.org/library/Mill/mlP.html [존 스튜어트 밀, 『정치경제학 원리』 1~4, 박동천 옮김, 나남출판, 2010].

대한 기여 때문이 아니라 값비싼 위치에 대한 소유권 같은 법적 특권 때문이다.

이것은 소유자가 재산 가치에 기여하지 않는다는 것을 뜻하는 것이 아니라, 유지관리의 경우처럼 그들이 하는 기여가 무엇이든 그 가치는 지대가 아니라 (예를 들어 그 기여가 재산 가치를 직접적으로 증가시키는 경우) 이자interest로 계산된다는 것을 뜻할 뿐이다. 경제 용어로 지대는 타인에게 자산을 사용하도록 허가해 줌으로써 얻는 소득이다. 본래 이 소득은 소작농이 생산한 것에 대해 자신의 몫을 주장하는 지주에게서 비롯된 것이다. 이것은 오로지 주택이나 건물에서의 지주와 지대, 소유권에 관한 것만은 아니다. 물질적 생존을 위해서는 '생산수단'을 이루는 자산에 대한 접근이 필요하기 때문에, 우리는 우리가 생산한 것의 일부분을 생산수단에 대한 접근을 허가한 이들에게 양도하는 것에 동의해야 한다. 그렇지 않으면 우리는 살아갈 수 없다.

생산자의 생산물 중에서 생존권으로 요구될 수 있는 몫은 전체 생산물에서 생산자의 생계비만큼 제한 것이다. 이것이 데이비드 리카도가 1817년 『정치경제학과 과세의 원리에 대하여』[6]에서 도달한 결론이며, 타인들이 모조리

6. Ricardo, *On Principles of Political Economy and Taxation*.

소유한 세계에서 태어난 우리 모두가 직면한 기본적인 상태이다.

리카도는 「이윤론」에서 이렇게 주장한다. "지주의 이익은 언제나 공동체의 다른 모든 계급의 이익과 적대적이다."[7] 이러한 해석은 상위계급과 하위계급의 일반적인 구분 같은 사회적 환경에 기반한 것이 아니라, 생산요소들, 즉 토지, 노동, 자본과의 관계에 기반한 것이었다. 이러한 리카도 모델은 계급들, 즉 지주, 노동자, 자본가가 전혀 다른 적대적인 이해관계를 가지고 있다는 사고에 논리적인 기초를 제공한다.

상위계급과 하위계급은 불공평한 사회를 뜻할 수 있다. 그러나 이러한 구분이 반드시 상충되는 이해관계를 함의하지는 않으며, 따라서 계급화의 근원에 대한 이해를 제공하지 않는다. 신흥 자본가 계급의 대변자로서, 리카도는 토지 지대에 대한 자신의 비판을 자본가가 획득한 소득으로 확장할 생각이 없었다. '리카도파 사회주의자' 중 가장 잘 알려진 윌리엄 톰슨과 토마스 호지스킨 같은 비판적 논평자들은 자본가가 획득한 이윤이 지주의 지대와 마찬가

7. David Ricardo, 'An Essay on Profits', (London : John Murray, 1815). McMaster University, Faculty of Social Science website, http://socserv. mcmaster.ca/~econ/ugcm/3ll3/ricardo/profits.txt.

지로 착취적이며 불로소득이고, 노동자의 이해관계는 지주와 자본가 모두의 이해관계와 적대적이라고 주장하면서 리카도의 비판을 확장했다. 이들의 작업으로부터 봉건제와의 유사성을 밝히기 위해 만들어진 용어, '자본주의'에 대한 비판이 시작된다.

사회주의 그리고 다른 모든 '좌파' 운동들은 이러한 계급 간 갈등을 자신의 출발점으로 삼는다. 생산자가 직접 생산수단을 소유해야 한다는 생각은 그 시기의 사회주의자들, 특히 사회개혁가 로버트 오웬의 지지자들과 1800년대 초의 협동조합 운동에서는 이미 일반적인 것이었다. 이처럼 부자와 빈민, 귀족, 성직자 또는 소작농 같은 범주들보다, 자본가, 지주, 노동자처럼 생산수단과의 관계에 기초한 계급 이해가 견고한 지적 토대를 제공함으로써, 보다 과학적인 사회주의가 자신의 공상적 뿌리를 벗어나 출현할 수 있었다.

지대로 인해 희소자산 소유자들은 자산이 없는 노동자들을 최저생활로 몰아갈 수 있다. 리카도가 이야기하듯이 "노동의 자연가격은 일련의 노동자들의 생존과 종족 유지에 필요한 가격이다." 이것은 흔히 이론적인 '자연'가격과 노동의 실제 시장가격 간의 차이 때문에 반박될 수 있다고 주장된다. 그러나 그런 주장은 모호하게 얼버무리는 것에 지나지 않는다고 리카도는 말한다. 시장가격은 끊임없이 변동하기 때문이다. 생계비를 실제 생존과 재생산을 위해 요구되는 가장 기본적인 최소치라고 생각해서는 안된다. 리카도가 살던 시대에도 일반적으로 대부분의 노동자들은 한 푼을 덜 번다고 해서 즉시 쓰러져 죽는 처지에 있지 않았다. 그렇다기보다 노동자들은 그 정의상 공동체에서 용인되는 기준들에 따라 살기 위해 투쟁하고 생계를 꾸리는 일 이상의 무언가를 할 만큼 충분히 벌지는 못한다. 이 '용인되는 기준들'은 탐욕스런 경제 엘리트가 세운 품위와 취향의 규범 조건에 따라 구축된다.

제도경제학 운동의 토대를 놓은 노르웨이계 미국 경제학자이자 사회학자인 소스타인 베블런은 계급사회에서 가장 부유한 이들을 제외한 모두가 공동체의 체면 기준, 즉 그가 '과시적 소비'와 '과시적 낭비'라고 부른 것에 따라 살기 위해서 사실상 전체 소득을 처분하도록 강요받는다고 주장한다. 과시적 소비에 참여하지 않는 것은 사회적 배제에 직면하게 되는 것이고 나아가 신분 상승의 전망을 감소시킨다.[8] 베블런은 1899년 자신의 저서 『유한계급론』에서

---

8. Veblen Thorstein, 'Chapter 4 : Conspicuous Consumption', *The Theory of the Leisure Class* (Bremen, Germany : Europaeischer Hochschulverlag GmbH & Co KG, 2010) [소스타인 베블런, 「4장 : 과시적 소비」, 『유한

이렇게 주장한다. "양적으로나 질적으로 기준에 미달하는 소비는 열등함과 결함의 징표가 된다."9

노동자들은 문화적 폭력 이상의 것을 경험한다. 그것은 생계비를 초과하여 보유한 소득으로 자본을 형성하는 노동자들의 능력에 대항하여 작동한다. 자산이 없는 한 노동자들이 획득하는 모든 임금 인상은 인플레이션으로 사라진다. 대부분의 경우 위치를 둘러싸고 증가한 화폐 경쟁과 토지 지대의 증가로 그렇게 된다. 이것은 자본가 교섭자들과 그들의 공공부문 협력자들에게는 비밀이 아니다. 화폐임금 삭감의 대안으로서 인플레이션에 의한 실질임금 감소는 '화폐 환상' 때문에 작동한다. 아마도 그 시기 가장 중요한 경제학자이며 근대 '거시경제학'의 창설자인 존 메이너드 케인스가 1936년 자신의 책 『고용·이자 및 화폐의 일반이론』에서 쓴 것처럼, "노동자가 실질임금의 감소가 아니라 화폐임금의 감소에 저항하는 것은 비논리적이라고 이따금씩 이야기된다. …… 경험에 따르면 이것이 노동자가 실제 행동하는 방식이라는 것을 알 수 있다."10 다니엘 벨은

계급론』, 김성균 옮김, 우물이 있는집, 2005].

9. Ibid., 52 [같은 책, 93쪽].

10. John Maynard Keynes, 'Chapter 2 : The Postulates of the Classical Economics', *The General Theory of Employment, Interest and Money*, Marxists Internet Archive, http://www.marxists.org/reference/subject/

이 과정을 자신의 글 「단체 교섭의 전복」에서 명확하게 보여준다. 이 글에서 그는 단체 교섭의 승리로 얻어낸 임금 인상의 몇 가지 사례를 예로 든다. 벨은 이러한 사례들이 실질적 부의 일반적 수준을 변화시키지 못했다는 것을 보여준다. 오히려 대부분의 사례에서 임금인상을 쟁취한 노동자들은 자신의 부의 몫을 증가시킨 것이 아니라 더 높은 가격을 지불하는 상황에 처하게 되었다.[11]

소유는 자연적인 현상이 아니라 법에 의해 생겨난다. 지대를 추출하는 능력은 다른 누군가가 희소자원을 사용하고 있음에도 그 자원을 통제할 수 있는 능력에 달려 있다. 즉 소유를 통해 자산 소유자는 다른 누군가[소유자의 자원을 이용하는 사람]가 자신의 노동 생산물을 나누어 주도록 강제할 수 있는 권한을 갖는다. 따라서 소유는 원격으로 작동하는 통제다. 이렇게 지대는 힘에 의해 지탱될 때만 가능하며 그 힘은 국가가 자산 소유자들에게 기꺼이 제공한다.

자산을 생산적 용도로 사용하는 사람들이 자신의 노

economics/keynes/general-theory/ch02.htm [존 메이너드 케인스, 『고용·이자 및 화폐의 일반이론』, 조순 옮김, 비봉출판사, 2007].

11. Daniel Bell, 'The Subversion of Collective Bargaining', *Commentary*, *March*, 1960.

동 생산물을, 부재[absent]하고 게으른 자산 소유자에게 나누어 주도록 강제하는 수단이 없다면, 자산 소유자는 더 많은 자산 축적은커녕 생계조차 유지할 수 없다. 독일의 혁명적 맑스주의자 어네스트 만델이 「사적 유물론과 자본주의 국가」에서 주장하는 것처럼 "자본주의적 국가 폭력 없이, 안전한 자본주의란 없다."[12] 소유의 목적은 무산계급이, 유산계급이 누리는 부를 생산하기 위해 존재하도록 보장하는 것이다. 소유 제도는 노동자에게 유익하지 않다. 이것은 개별 노동자들이 자산 소유자가 될 수 없다는 말이 아니다. 자산 소유자가 되는 것은 자신의 계급을 벗어난다는 의미이다. 개인의 성공담은 계급 체계를 변화시킬 수 없다. 분석적 맑스주의의 창시자인 캐나다의 정치철학자 제랄드 코헨이 재치 있게 표현한 것처럼 "나는 나의 계급 위에 서는[rise-up] 게 아니라 나의 계급과 함께 일어서기[rise-up]를 원한다!"[13]

현재의 전 지구적 상황은 노동자가 하나의 계급으로서

12. Ernest Mandel, 'Historical Materialism and the Capitalist State', trans. Juriaan Bendian, page 4 of Scribd.com edition. http://www.scribd.com/doc/20878564/Mandel-Ernest-Historical-Materialism-and-the-Capitalist-State.
13. 코헨이 쓴 다음의 책을 참고하라. *History, Labor and Freedom : Themes from Marx* (Oxford, Oxford University Press, 1988) 그리고 *Why Not Socialism?* (Princeton, New Jersey : Princeton Univerity Press, 2009).

자산을 축적할 수 없다는 것을 보여준다. 유엔대학 세계개발경제연구소는 가장 부유한 성인 1%가 2000년 기준 세계 전체 자산의 40%를 소유하고 있으며, 가장 부유한 성인 10%가 세계 전체 자산의 85%를 차지하고 있다고 보고했다. 세계 성인 인구의 하위 50%는 세계 전체 부의 겨우 1%만을 소유하고 있다. 커져가는 세계의 불평등을 가리키는 다방면의 많은 통계들이 그 보고서에 수록되어 있다.[14]

사회에서 노동계급의 상태는 주로 무력하거나 빈곤하거나 혹은 그 둘 다이다. 인터넷 노동계급의 상태도 이와 다르지 않다. 자본주의가 요구하는 특권과 통제의 요건들이 인터넷에 부과되고 있다. 이 요건들은 또래협력 코뮤니즘이 뿌리박힌 네트워크 위상구조를 클라이언트 서버 어플리케이션이 중심이 되는 곳으로 바꾸면서, 점점 모든 관계들을 조정하고 통제하고 있다.

---

14. United Nations University-World Institute for Development Economics Research, 'Richest 2% Own Half the World's Wealth', *update.unu. edu 44* (December 2006-February 2007), http://update.unu.edu/ issue44_22.htm. 유엔대학 세계개발경제연구소(UNU-WIDER)의 보도자료에서 더 많은 자료를 볼 수 있다. 다음 주소에서 확인 가능하다. http://www.wider.unu.edu/events/past-events/2006-events/en_GB/05-12-2006/_files/78079217418699128/default/wider-wdhw-press-release-5-12-2006.pdf.

월드와이드웹World Wide Web의 덫

초기 인터넷의 혁명적 가능성은 무엇보다 사용자들 간의 직접적인 상호작용 능력에 있었다. 예를 들어 인터넷은 언론 및 결사의 자유가 그 구조 속에 구축된 플랫폼을 약속했다. 그러나 대부분의 사용자들이 알아차리지 못하는 사이에 인터넷의 구조는 변하고 있다. 네트워크 위상구조는 자본주의의 이익에 봉사할 뿐 아니라 이전에는 꿈에도 생각하지 못했던 규모로 인터넷 사용자들에 대한 감시와 통제를 가능하게 하는 방식으로 개조되고 있다.

공공의 지원을 받은 대학과 군사연구기관 그리고 시민사회에서 출현한 인터넷은 기업계를 깜짝 놀라게 했다. 독립적인 소규모 인터넷 서비스 제공업체들의 영세산업cottage industry이 인터넷을 활성화시켰다. 그 업체들은 국가가 건설하고 자금을 댄 네트워크에 대한 접속을 제공하여 돈을 벌 수 있었다. 그 사이 기업계는 컴퓨서브, 프로디지, 에이오엘15 같은 획일적이고 중앙집중화된 '온라인 서비스'를 만들면서 초고속정보통신망에 대한 다른 생각을 밀어붙이

---

15. [옮긴이] 프로디지(Prodigy)와 에이오엘(AOL)은 컴퓨서브와 유사하게 쇼핑, 채팅, 이메일 등을 제공하는 온라인 서비스이다. 컴퓨서브와 달리 그래픽 사용자 기반 서비스를 제공했다.

고 있었다. 이 기업 서비스들이 인터넷과 다른 점은 사용자들이 직접 접속하는 중앙집중화된 시스템이었다는 것이다. 반면 인터넷은 공인 인터넷 주소를 가진 모든 장치가 다른 모든 장치와 직접 소통할 수 있는 또래협력 네트워크이다.

컴퓨서브와 인터넷의 사용자들 모두 이메일, 토론 그룹, 대화 그룹, 파일 공유와 같은 유사한 서비스들에 접속했지만, 그 접속에 있어서 컴퓨서브 사용자는 컴퓨서브에 완전히 의존적이었던 반면, 인터넷 사용자는 어떤 서비스 제공업체를 통해서도 접속할 수 있었고, 자신의 서버를 운영할 수도 있었다. 인터넷 이메일16, 인터넷중계채팅internet relay chat 17 같은 플랫폼은 누구도 소유하지 않거나 통제하지 않는 분산된 구조에 기반하고 있었다. 공공기관과 비정부기구 같은 가장 열렬한 초기 인터넷 사용자들은 이 구조를 받아들였다. 그러나 자본주의적 투자자들은 그러한 구속받지 않는 시스템으로 어떻게 이윤을 획득할 수 있는지 알 수 없었다. 인터넷은 자본주의적 상상력에게 끔찍한

---

16. [옮긴이] 여기서 이메일은 현재 흔히 이용되는 웹기반 이메일이 아닌 또래협력 기반 이메일을 말한다.
17. [옮긴이] 인터넷 상에서의 대화를 위한 시스템. 줄여서 IRC라고도 한다. 핀란드의 자코 오이카리넨(Jarkko Oikarinen)이 1988년에 개발하였다. IRC 서버는 다른 서버와 접속하여 네트워크를 확장할 수 있어, 어느 한 서버에 연결하기만 하면 전세계 서버와 연결된다.

것처럼 보였다.

때문에 초기의 닷컴 열풍은 인프라를 소유하기 위해, 즉 독립적인 인터넷 서비스 제공업체들을 합병하여 네트워크를 통제하기 위해 몰려드는 특징을 지녔다. 투자자들이 이 매체를 어떻게 사용하는 것인지 파악하려고 발버둥 칠수록 돈은 거의 닥치는 대로 뿌려졌다. 결국 이들의 임무는 아주 성공적이었다. 이 투자자들의 임무는 독립적인 서비스 제공업체를 파괴하고, 크고 재정이 탄탄한 기업들을 다시 운전석에 앉히는 것이었다. 당신이 1996년에 인터넷 계정을 가지고 있었다면 그것은 아마도 소규모 지역업체가 제공한 계정이었을 것이다. 십년 뒤 일부 소규모 업체가 살아남았지만 대부분의 사람들은 거대 텔레커뮤니케이션 기업을 통해 인터넷에 접속하게 되었고, 이는 오늘날 훨씬 더 강력하게 유지되고 있다.

인터넷은 웹Web 이상의 것이다. 이 웹이란 용어는 전체 네트워크와 그것을 운영하는 모든 어플리케이션에 대한 동의어로 잘못 사용되고 있다. 월드와이드웹World Wide Web은 인터넷인 또래협력 네트워크 위에서 운영되는 기술이다. 그러나 월드와이드웹은 이메일, 인터넷중계채팅IRC, 유즈넷[18]

---

18. [옮긴이] 유즈넷(Usenet)은 웹과 웹브라우저가 나타나기 훨씬 이전부터 등장한 인터넷 토론 시스템이다. 1979년 미국 듀크대학교 대학원생이던

등 전통적인 인터넷 기술과는 다르다. 웹은 분산되어 있지 않으며 또래협력 형식도 아니다. 웹은 클라이언트-서버 기술이다. 웹사이트의 운영자는 서버를 운영하면서 누가 사이트에 접속했는지 혹은 그렇지 않은지에 대한 통제를 포함해서 자신의 웹사이트가 제공하는 콘텐츠와 어플리케이션에 대한 배타적인 통제권을 갖는다. 사용자들은 브라우저, 즉 그 웹사이트에 접속하기 위해 사용되는 클라이언트 소프트웨어를 통제한다. 웹사이트는 또래협력 시스템보다는 컴퓨서브와 더 유사하다. 웹사이트 운영자는 사용자들이 이용할 수 있는 콘텐츠와 선택사양을 완전히 통제한다.

웹은 온라인에서 글을 발행하기 위한 플랫폼으로 순수하게 시작했다. 그러나 이것은 빠르게 인터넷의 상업화를 모색하는 조직들의 초점이 되었다. 기업들이 광고책자를 온라인으로 내기 시작하자 평범하게 시작한 상업적 웹은 전자상거래의 발달과 함께 큰 인기를 얻었다. 이 시기의 웹

톰 트루스코트(Tom Truscott)와 짐 엘리스(Jim Ellis)의 정보교환에 대한 아이디어로 처음 시작되어 네트워크를 통해 서로의 의견을 교환하다가 발전되었다. 사용자는 뉴스그룹(newsgroups)이라 불리는 토론집단에서 토론을 하거나 자료를 주고받을 수 있다. 전자게시판(BBS)이나 웹 포럼과 유사하지만 중앙 서버와 특별한 통제조직이 없다는 점에서 차이를 지닌다.

은 아직 온라인 공유를 대체하지 않았다. 예를 들어 사람들은 서점을 검색하기 위해 웹을 사용했지만 다른 사용자들과 소통할 때는 여전히 분산된 기술을 사용했다. 그러나 벤처 자본의 투자를 받은 웹은 곧 대기업이 운영하는 웹사이트를 주요한 온라인 사회적 플랫폼으로 만드는 일에 뛰어들었다. 인터넷 그 자체는 웹의 뒤편으로 곧 사라지고 사용자들은 두 번 다시 자신의 브라우저를 떠나지 않을 것이다.

웹2.0은 벤처 자본가의 천국으로 출현했다. 여기서 투자자들은 무보수 사용자들이 생산한 가치를 착복하고, 자유소프트웨어 운동의 기술 혁신을 이용하며, 탈중심화하는 또래협력 기술의 잠재력을 말살시킨다.

위키피디아에 따르면,

2004년 오라일리 미디어[19]가 만든 용어, 웹2.0은 사용자들 간의 온라인 협업과 공유를 강조하는 소셜 네트워킹 사이트와 위키wikis [20], 커뮤니케이션 도구, 폭소노미

---

19. [옮긴이] 팀 오라일리(Tim O'Reilly)가 만든 미국의 출판사. 주로 컴퓨터 프로그래밍과 관련된 서적 출판으로 세계적으로 이름이 높다.
20. [옮긴이] 사람들이 함께 콘텐츠를 생성, 수정, 삭제할 수 있도록 하는 웹 어플리케이션. 가장 대표적인 사례로 위키피디아가 있다.

folksonomies 21 같은, 소위 2세대 인터넷 기반 서비스를 가리킨다.[22]

'소위'라는 단어에 주목해야 한다. 역사상 가장 큰 협력저술작업인 위키피디아는 알고 있을 것이다. 대부분의 웹2.0 세대 일원과는 달리, 위키피디아는 기부로만 수입을 얻는 비영리 재단이 통제하며 카피레프트 라이선스에 따라 위키피디아의 콘텐츠를 공개한다. 위의 위키피디아 항목이 "[웹2.0은] 특정한 기술 및 마케팅 커뮤니티 사이에서 (불분명하고 자주 비판받지만) 인기있는 전문유행어buzzword가 되었다"고 이어서 말하는 것은 인상적이다.

자유소프트웨어 커뮤니티는 웹2.0이란 이름을 의심하거나 노골적으로 경멸하는 경향이 있다. 월드와이드웹의 창시자인 팀 버너스-리는 다음과 같이 말하면서 이 용어를 묵살했다. "웹2.0은 물론 하나의 전문용어이다. 심지어 아무도 그 용어가 무슨 뜻인지 모른다." 그는 계속해서 이야기한다. "웹2.0은 웹1.0 위에서 노동하는 모든 사람들이

---

21. [옮긴이] 사람들 간의 협업에 의해 자유롭게 선택한 키워드를 사용하여 이루어지는 분류 시스템. 대중(folk)과 분류법(taxonomy)의 합성어이다.

22. 'Web 2.0', Wikipedia.org, http://en.wikipedia.org/wiki/Web_2.0.

생산해 온 기준들을 사용하는 것을 뜻한다."[23] 그러니까 사실 웹1.0도 웹2.0도 없다. 명확하게 구분될 수 없는 온라인 어플리케이션의 계속되는 발달만이 있을 뿐이다.

웹2.0이 무엇인지 정의해 보자면, 예전에는 값비싼 소프트웨어 패키지를 구입한 중앙집중화된 기관들이나 사이트의 기술 부문을 다루는 유급직원 그리고 대개 그러한 기관의 사이트에서만 발행되는 콘텐츠를 제작하는 유급직원만이 콘텐츠를 제작, 수정, 공유할 수 있었다면, 웹2.0에 있어 대부분의 주요한 개발은 커뮤니티 [스스로] 이를 가능하게 하는 것을 목표로 삼아 왔다고 말할 수 있다.

그리하여 웹2.0 기업은 인터넷 콘텐츠의 생산을 근본적으로 바꾼다. 웹 어플리케이션과 서비스는 더 싸고 더 쉽게 제공되었다. 최종 사용자들이 이 어플리케이션에 접속할 수 있게 함으로써 기업은 콘텐츠의 제작과 구성을 효율적으로 최종 사용자들에게 아웃소싱할 수 있게 되었다. 콘텐츠 제공자가 콘텐츠를 발행하고 최종 사용자가 소비하는 전통적인 모델을 대신하는 이 새로운 모델을 통해 기업의 사이트는, 창작자이자 소비자인 사용자들을 위한 중앙

---

23. developerWorks, 'developerWorks Interviews : Tim Berners-Lee', *developerWorks* 22 August 2006, http://www.ibm.com/developer-works/podcast/dwi/cm-int082206txt.html.

집중화된 포털로 작동한다. 이러한 어플리케이션에 대한 접속은 예전에는 데스크톱 소프트웨어를 구매하고 더 좋은 기술장비를 갖추라고 요구받은 사용자들에게 콘텐츠를 만들고 발행할 수 있는 권한을 부여한다. 예를 들어 웹 2.0에서 텍스트 기반 콘텐츠 생산의 두 가지 주요 수단은 블로그와 위키이다. 이것은 사용자가 마크업 언어[24]나 파일전송 프로토콜[25], 신디케이션 프로토콜[26]에 대한 아무런 지식이 없고 어떤 소프트웨어를 구입하지 않아도 자신의 브라우저에서 직접 콘텐츠를 만들고 발행할 수 있도록 해준다.

데스크톱 소프트웨어를 대신하는 웹 어플리케이션의 사용은 텍스트로만 구성되지 않는 콘텐츠의 경우 사용자에게 한층 더 의미가 있다. 웹페이지는 HTML[27] 편집 소프트웨어를 구입하지 않아도 브라우저에서 제작과 편집이

---

24. [옮긴이] 마크업 언어(markup language)는 태그 등을 이용하여 텍스트와 구별되는 데이터의 구조를 명기하는 언어로, 대표적인 사례로 월드와이드웹의 홈페이지에 사용되는 하이퍼텍스트마크업언어(HTML)가 있다.
25. [옮긴이] 파일전송 프로토콜(ftp)은 네트워크 상에서 서버와 클라이언트 간 파일 전송을 위해 사용되는 표준 네트워크 프로토콜이다.
26. [옮긴이] 신디케이션 프로토콜(syndication protocols)은 한 사이트의 업데이트를 다른 사람들에게 제공하기 위해 사용되는 프로토콜을 말한다.
27. [옮긴이] HTML(HyperText Markup Language)은 웹브라우저에서 표현될 수 있는 웹페이지를 제작하기 위해 사용되는 대표적인 마크업 언어이다.

가능하다. 사진의 경우 값비싼 데스크톱 이미지 편집 어플리케이션이 없어도 브라우저를 통해 온라인에서 편집과 업로드가 가능하다. 소비자의 캠코더로 촬영한 비디오는 비디오 호스팅 사이트에 올려져 업로드와 변환, HTML 페이지에 삽입, 발행, 태그되어 사용자의 브라우저를 통해 웹 전체에 배포될 수 있다. 폴 그레이엄은 웹2.0에 대한 글에서 커뮤니티/사용자의 역할 구분을 보다 분명히 깨뜨린다. 여기에는 전문가와 아마추어 그리고 사용자(좀 더 정확히는 최종 사용자)가 포함된다. 그레이엄에 따르면 웹1.0에서 전문가와 사용자의 역할은 잘 이해되었지만 아마추어의 위치는 잘 정의되어 있지 않았다.[28] 그레이엄이 「비즈니스가 오픈소스로부터 배울 수 있는 것」에서 기술한 바와 같이, 아마추어는 일에 대한 보상이나 소유권에 대한 고려 없이 그저 그 일을 좋아할 뿐이다. 이러한 발달과정에서 아마추어는 오픈소스 소프트웨어에 기여할 뿐이지만 전문가는 자신의 사적 노동에 대한 보수를 받는다.[29]

'아마추어'에 대한 그레이엄의 묘사는 아동문학가 닥터

---

28. Paul Graham, 'Web 2.0', PaulGraham.com, November 2005, http://www.paulgraham.com/web20.html.

29. Paul Graham, 'What Business Can Learn From Open Source', PaulGraham.com, August 2005, http://www.paulgraham.com/opensource.html.

수스Dr. Seuss가 쓴 『내가 서커스를 만든다면』과 묘한 유사성을 갖고 있다. 이 책에서 어린 모리스 맥거크는 자신이 상상하는 맥거크 서커스의 직원에 대해 이렇게 말한다.

> 나의 노동자들은 노동을 사랑한다. 그들은 이렇게 말한다, "우리에게 일을 시켜 달라! 제발 일을 시켜 달라! 우리는 일을 해서 아주 놀라운 걸 보여줄 것이다. 당신의 눈이 40개나 된다고 해도 절반도 보지 못할 것이다!"[30]

최근의 혁신들을 웹의 연속적 발전에 지나지 않는 것으로 보는 팀 버너스-리에게 '웹2.0'이란 용어는 아무런 의미가 없을지도 모르지만, 급여를 요구하지 않고 무한한 콘텐츠를 생산하는 지칠 줄 모르는 노동자를 꿈꾸는 모리스 맥거크 같은 벤처 자본가들에게 웹2.0은 놀라운 것이다. 사실 유투브에서부터 플리커[31]와 위키피디아에 이르기까지 정말 "눈이 40개나 된다고 해도 절반도 보지 못할 것이다."

---

30. Dr. Seuss, *If I Ran the Circus* (Random House, 1956).
31. [옮긴이] 플리커(Flickr)는 야후의 온라인 사진/비디오 공유 사이트이다. 캐나다 기업 루디코프(Ludicorp)가 2004년 2월부터 서비스를 시작했고 2005년 3월 야후가 루디코프사와 플리커를 3천 5백만 달러에 인수했다. 2013년 3월 기사에 따르면 플리커의 가입자는 8천 7백만 명이며 매일 3백 5십만 건 이상의 새로운 사진이 업로드되고 있다.

팀 버너스-리는 옳다. 기술적 혹은 사용자 관점에서 보면, 웹2.0에서 웹의 초기 세대에 뿌리를 두지 않고 그것으로부터 자연적으로 발달하지 않은 것은 없다. 웹2.0의 기치와 관련된 기술은 실현가능한 것이었고 어떤 경우에는 이전에 이미 이용할 수 있었지만, 이 이용을 둘러싼 과장된 선전은 분명히 웹2.0 인터넷 사이트의 성장에 영향을 끼쳐왔다.

인터넷은 언제나 사용자들 간의 공유와 관련이 있다. 사실 분산된 메시지 시스템인 유즈넷은 1979년부터 운영되었다. 그때부터 유즈넷은 토론, '아마추어' 저널리즘, 그리고 사진 및 파일 공유를 운영해 오고 있다. 유즈넷은 인터넷처럼 누군가가 통제하거나 소유하지 않는 분산된 시스템이다. 이러한 중앙의 소유와 통제의 부재는 유즈넷 같은 서비스들과 웹2.0을 구분 짓는 특징이다.

웹2.0이 무엇을 의미하든지간에, 그 의미는 벤처 자본을 위한 [투자] 근거로 활용된다. 웹2.0은 신규 인터넷 업체들에 대한 투자의 회귀를 나타낸다. 닷컴 붕괴(웹1.0의 진정한 종말) 이후 투자 요청을 위해서는 온라인 벤처 투자를 위한 새로운 근거가 필요했다. '만들어라, 그러면 사람들이 올 것이다' 같은 1990년대 닷컴 붐의 지배적 태도는, 망상적인 '신경제'와 함께 많은 온라인 벤처들이 실패한 이후 더 이상 매력을 갖지 못했다. 인프라 구축과 실물투자는 더 이상 투자자들이 바라는 것이 아니었다. 그러나 타인이 창출한 가치의 포획은 보다 매력적인 안이라는 것이 입증되었다.

웹2.0은 인터넷 투자 붐 2.0이다. 웹2.0은 공동체가 창출한 가치를 사적으로 포획하는 비즈니스 모델이다. 예를 들어 유투브 같은 사이트의 기술이 특출하지 않다는 것은 누구도 부인하지 않는다. 데일리모션Daily Motion 같은 많은 수의 동일한 온라인 비디오 공유 서비스가 이를 입증한다. 유투브의 진정한 가치는 사이트 개발자가 만드는 것이 아니라 유투브에 비디오를 올리는 사람들이 만든다. 그러나 유투브가 10억 달러가 넘는 주식으로 구글에 매각될 때 이 비디오들을 만든 사람들이 받은 주식은 얼마나 되는가? 아무것도. 전혀. 없다. 그러므로 이것은 웹2.0 기업의 소유자라면 엄청난 거래다.

유투브 같은 웹2.0 서비스의 사용자들이 생산한 가치는 자본주의 투자자들이 포획한다. 경우에 따라서 사용자들이 기여한 실제 콘텐츠가 궁극적으로 사이트 소유자의 자산이 된다. 공동체가 창출한 가치의 사적 전유는 기술 공유와 자유로운 협력이라는 약속에 대한 배반이다. 투자자들이 보통 값비싼 자본 인수, 소프트웨어 개발, 콘텐츠 제작에 투자했던 닷컴 붐 시대와는 달리, 웹2.0 투자자는 마케팅, 광고 그리고 소문 유발에 돈을 쓴다. 인프라는 싼 값에 널리 이용할 수 있다. 콘텐츠는 무료이며 소프트웨어의 가격은 무료가 아닌 경우에도 무시할 수 있을 만큼 싸다. 효과적으로 홍보할 수 있다면 기본적으로 대역폭과 디스크 공간을 어느 정도 제공함으로써 성공적인 웹2.0 사이트가 될 수 있다.

따라서 웹2.0 기업의 주요 성공은 커뮤니티와의 관계에서 생겨난다. 좀 더 분명하게 말하면, 팀 오라일리가 이야기하는 것처럼 성공은 "집단지성을 이용하는" 기업의 능력에서 생겨난다.[32] 이러한 관점에서 보면, 웹1.0 기업들은 콘텐츠에 대한 접근 방식이 너무 획일적이고 일방적이었다. 웹1.0에서 웹2.0으로의 변화의 성공담은 콘텐츠 제작은 커뮤니티에 개방하고 콘텐츠의 브랜드화branding는 변함없이 획일적으로 유지하는 기업의 능력에 달려 있었다. 콘텐츠의 소유를 획일적으로 유지한다면 더 좋다. 예를 들어 야후Yahoo!는 커뮤니티 콘텐츠에 대한 포털을 만들었는데 이

---

32. Tim O'Reilly, 'What is Web 2.0: Design Patterns and Business Models for the Next Generation of Software', March 2007, Munich Personal RePEc Archive, MPRA Paper no. 4578 (posted 7 November 2007), 22, http://mpra.ub.uni-muenchen.de/4578/1/MPRA_paper_4578.pdf.

것은 콘텐츠를 찾기 위한 중앙집중화된 장소로 남아 있다. 이베이eBay에서는 커뮤니티가 자신의 상품을 팔 수 있지만 이베이는 그 상품을 위한 시장을 소유하고 있다. 다른 많은 사이트와 동일한 상품을 파는 아마존Amazon은 커뮤니티가 자신의 상품 주위의 '흐름'에 참여하게 함으로써 성공을 거두었다.

신규 웹2.0 기업에 투자하는 자본가들은 보통 초기 자본화에 투자하지 않기 때문에 이들의 행동은 명백히 기생적이다. 웹2.0 자본가들은 대개 재정이 탄탄한 메이저 파트너들의 지배적 네트워크라는 맥락 내에서, 가치 창출이 이미 좋은 여세를 보이면 뒤늦게 와서 소유권을 갖기 위해 덤벼들고 재력을 사용하여 서비스를 홍보한다. 이것은 벤처자본이 매입하지 않은 기업들은 결국 현금이 고갈되고 업계에서 밀려난다는 것을 의미한다.

이 모든 사례에서 인터넷 사이트의 가치는 사이트를 운영하는 기업의 유급 직원이 아니라 사이트를 이용하는 사용자들이 만든다. 콘텐츠를 제작하고 공유하는 커뮤니티를 강조하다 보면, 이 모든 콘텐츠의 소유권 문제와 그 가치를 화폐화하는 능력에 대한 문제를 놓치기 쉽다. 이러한 문제들에서 사용자는 거의 고려되지 않는다. 사용자들은 페이스북 서비스 약관 동의서에 있는 작은 글씨[불리한 조항의 일부를 이루거나, 자신의 사진 주소^{URL} 속 'flickr. com'에 머무른다. 소유권은 보통 커뮤니티에게 중요한 문제가 아니며, 이 환상적인 어플리케이션을 사용하기 위해 치르는 작은 대가이다. 대부분의 사용자들은 자신의 콘텐츠를 생산하고 발행하기 위해 접근할 수 있는 대안적인 수단이 없기 때문에, 페이스북이나 플리커 같은 사이트에 매력을 느낀다.

많은 오픈소스 프로젝트가 웹2.0의 발달에서 주요한 혁신 사례로 거론될 수 있다는 점을 덧붙여야 할 것이다. 리눅스^{Linux}, 아파치^{Apache}, PHP, 루비^{Ruby}, 파이썬^{Python} 등의 자유소프트웨어는 웹2.0의 중추이자, 웹 그 자체이다. 그러나 오라일리가 웹2.0 기업들의 '핵심 역량'으로 언급한 것 ― 즉 더 많은 사람들이 사용할수록 더 풍부해지는, 독특하고 다시 만들기 어려운 데이터 소스에 대한 통제, 그리고 그 데이터 소스가 끌어들이는 집단지성의 활용 ― 에 있어서, 이 모든 프로젝트들은 근본적인 결함이 있다.[33] 소유자가 콘텐츠를 소유하는 소유 시스템의 맥락 안에서, 커뮤니티가 개방적으로 기여하고 그 기여를 활용하도록 하는 것은 성공적인 웹2.0 기업의 특징이다. 하지만 커뮤니티가 제작한 것을 커

---

33. Ibid., 36.

뮤니티가 소유하게 하는 것은 그 특징에 속하지 않는다.

이와 같이, 투자자를 위해 이윤을 창출하고 성공하기 위해서 웹2.0 기업은 중앙에서 통제하는 공유 및 협업 메커니즘을 만들 필요가 있다. 유즈넷을 비롯하여 다른 또래-통제 기술들의 특징인 중앙 통제의 부재는, 웹2.0의 맥락에서 보면 근본적인 결함이다. 이 기술들은 '소유되지' 않기 때문에, 부재하는 투자자가 아니라 사용자에게만 혜택을 준다. 이러한 이유로 과거와 변함없는 자본주의는 웹2.0에 투자하며 그로 인해 유즈넷은 거의 잊혀졌다. 유투브는 10억 달러의 가치를 지닌 반면, 유투브보다 몇 년 앞서 존재해 온 혁신적인 또래협력 실시간 비디오 스트리밍 네트워크인 피어캐스트PeerCast는 거의 알려져 있지 않다.

기술적 관점에서 볼 때, 분산된 또래협력 기술은 웹2.0 시스템보다 훨씬 효율적이다. P2P는 사용자들의 컴퓨터와 네트워크 접속을 사용하여 네트워크 자원을 더 잘 이용할 수 있게 함으로써 중앙집중화된 시스템이 만들어 내는 병목현상을 피해간다. 또한 대개의 경우 컴퓨터와 인터넷 접속 같은 적은 인프라만으로 콘텐츠 발행을 가능하게 해 준다. 또래협력 시스템은 유투브처럼 대규모 데이터 센터를 필요로 하지 않는다. 분산된 시스템은 또한 훨씬 더 오랫동안 지속되는 경향이 있다. 유즈넷은 어떤 면에서 구글이 포섭해 왔다. 구글은 가장 큰 유즈넷 아카이브와 가장 많이 접속하는 유즈넷 웹기반 클라이언트인 구글 그룹 Google Groups을 소유하고 있다. 그러나 유즈넷의 분산적 특징 때문에 다른 접속 도구들이 계속해서 병행하여 존재한다. 온라인 플랫폼으로서 유즈넷의 역할은 그 명성을 상실해 왔지만 많은 뉴스그룹이 여전히 활발하다. 예를 들어 뉴스그룹 〈바보교〉Church of The SubGenius(alt.slack)[34]는 미국에 기반을 둔 인기 있는 패러디 종교의 중요한 사회적 토론장으로 남아 있다. 중앙 인프라의 부재에는 또한 중앙 통제의 부재가 따르며 이것은 검열의 부재를 의미한다. 검열은 보통 사적 및 공적 압력단체에 굴하여 콘텐츠의 종류를 제한하는 사적 소유 '커뮤니티'가 흔히 가진 문제이다. 또한 사용자 정보의 대규모 중앙 상호참조 데이터베이스central cross-referencing databases의 부재는 사생활 보호 측면에서 큰 이점이 있다.

이런 관점에서 볼 때, 웹2.0은 또래협력 시스템에 대한 자본주의의 선제공격이라고 말할 수 있다. 하지만 또래협력과 비교해 볼 때 많은 단점에도 불구하고 웹2.0은 투자

---

34. [옮긴이] alt.slack는 유즈넷 뉴스그룹의 연결주소이다. 유즈넷의 뉴스그룹은 주제별로 나뉜 계층 구조를 가진다. comp(컴퓨터), rec(레크레이션), sci(과학), soc(정치/사회/문화), alt(심층토론) 등이 있다.

자에게는 더 매력적이며, 그래서 더 많은 자금이 중앙집중적 솔루션solution의 투자와 홍보에 사용된다. 결국 자본주의적 투자는 중앙집중적 솔루션으로 흘러들어갔고, 솔루션을 쉽고 저렴하게 혹은 무료로 만들어, 비전문적 정보 생산자들이 선택하도록 만든다. 정보 생산수단 소유의 기술적 어려움과 높은 비용을 감안해 보면, 이러한 접근의 용이성은 웹2.0의 새로운 정보-지주를 위해 소외된 콘텐츠 제작 노동을 제공할 준비가 된 '땅 없는' 프롤레타리아트를 만들어냈다. 웹2.0의 임무는 인터넷의 또래협력적 양상을 파괴하고 당신과 당신의 컴퓨터 그리고 당신의 인터넷 접속을, 당신의 소통 능력을 통제하는 중앙집중화된 서비스 접속에 의존하도록 만드는 것이다. 웹2.0은 자유로운 또래협력 시스템의 몰락이자 획일적인 온라인 서비스의 회귀이다.

여기서 인상적인 지점은 모뎀 및 종합정보통신망ISDN 같은, 1990년대 대부분의 가정 또는 사무실의 인터넷 접속은 대칭적이어서 데이터를 보내고 받는 능력이 동일했다는 점이다. 이렇게 고안된 접속수단들을 통해 사용자는 대등한 정도로 정보 생산자이면서 소비자가 될 수 있다. 다른 한편, 현대의 디지털 가입자 전송망DSL 및 케이블 모뎀 접속은 비대칭적이어서 정보를 내려받는 것은 빠르지만 올리는 것은 느리다. 더군다나 다수의 인터넷 서비스 이용약관은 사용자가 고객 계정으로 서버를 운영하는 것을 금지하고 있으며 이를 어길 경우 서비스는 차단될 수 있다.

게으른 지분 소유권의 방식으로 소득을 얻는 사고에 뿌리를 둔 자본주의는 중앙 통제를 요구한다. 그러한 중앙 통제가 없다면 생산자는 자신의 소득을 외부의 주주에게 내놓을 이유가 없다. 인터넷 자원을 소유함으로써 가치를 포획하려 하는 사적 주주들이 인터넷 개발자원에 자금을 대는 한 네트워크는 더욱더 폐쇄적이고 중앙집중화될 뿐이다. 정보 공유지는 사회를 보다 폭넓은 생산양식으로 이끄는 잠재력을 가지고 있지만, 진정 커뮤니티를 풍요롭게 하기 위한 차세대 인터넷 기반 서비스에 대한 실질적인 희망은, 사적으로 소유되고 중앙집중화되는 자원의 창출에 있는 것이 아니라, 협업과 또래협력, 그리고 모두가 소유하며 아무도 소유하지 않는 공유지 기반 시스템을 창출하는 것에 있다.

거듭 강조하지만, 오늘날의 기준으로 보면 [그 규모가] 작고 잘 알려져 있지 않다 하더라도 유즈넷과 이메일 같은 또래협력 어플리케이션이 중심이었던 초기 인터넷은 매우 공통적인 공유 자원이었다. 인터넷의 상업화와 자본주의적 금융의 출현은 정보 공유지에 대한 인클로저를 가능하

게 했고 공적 부는 사적 이윤으로 전환되었다. 따라서 웹
2.0은 인터넷의 기술적 또는 사회적 발달의 2세대가 아니
며 정보 공유지에 대한 자본주의적 인클로저의 제2의 물결
이다.

정보 공유지에 대한 제3의 인클로저 물결이 이미 나타
나고 있다. 소비자들이 자신이 사용하는 물리적 인프라를
소유하지 않는, 구글이나 아마존 같은 대기업이 제공하는
클라우드 컴퓨팅cloud computing은 인터넷의 인프라를 더욱
집중시키고 있다. 게다가, 유럽의회에 상정된 〈유럽 통신산
업 개혁안〉[35]의 경우, 서비스 제공업체(대규모 텔레커뮤니
케이션 복합기업)가 사용자들이 접속할 수 있는 웹사이트
를 결정할 수 있도록 하려 한다. 자본은 우리에게 인터넷의
미래에 대한 자신의 비전을 보여주고 있다. 그 미래는 획일
적이고, 집중되어 있으며, 조정되고, 통제가능하며, 착취가
능하고, 자연히 소수의 대기업이 운영하는 컴퓨서브와 아
주 유사하다.

---

35. 2007년 11월 13일, 비비안 레딩(Viviane Reding) 위원은 스트라스부르
    에 있는 유럽의회에 〈유럽 통신산업 개혁안〉(Telecoms Reform Pack-
    age)을 제출했다. 이 법안의 목적은 2002년 도입된 〈EU 통신규칙〉(Tele-
    coms Rules)을 개정하여, 27개 전 EU 회원국을 대상으로 유럽의 텔레커
    뮤니케이션 시장을 통합하는 것이다. 더 자세한 정보는 다음을 참조하라.
    http://europa.eu/rapid/pressReleasesAction.do?reference=IP/07/1677&
    format=HTML&aged=0&language=E N&guiLanguage=en

가장 많이 사용되는 거의 대부분의 인터넷 자원은 또래협력이라는 대안으로 대체 가능하다. 구글은 또래협력 검색 시스템으로 대체될 수 있다. 여기서는 모든 브라우저와 웹 서버가 검색 과정에서 능동 노드active node가 된다. 플리커와 유투브도 피어캐스트, 비트토렌트BitTorrent, 이동키eDonkey 형식의 어플리케이션으로 대체될 수 있다. 이 어플리케이션으로 사용자들은 자신의 컴퓨터와 인터넷 접속을 사용하여 사진과 비디오를 함께 공유할 수 있다. 그러나 인터넷 자원의 개발은 부富의 이용이 필요하며, 이 부의 원천이 벤처 자본인 한, 인터넷의 위대한 또래협력 잠재력은 실현되지 않은 채 남을 것이다. 우리가 자본주의적 금융에 대한 대안을 찾을 수 없다면, 우리가 알고 있는 인터넷을 잃어버리게 될 것이며, 또래협력적 모습으로 사회를 개조할 기회 또한 잃어버리게 될 것이다.

또래생산과 네트워크의 빈곤

더욱 자유로운 인터넷은 현재의 자본주의적 금융 시스템에서는 존재할 수 없다. 중앙집중화된 기술에 비해 분산된 기술이 가진 명백한 기술적 우월함에 대한 주장은 전 지구적 커뮤니케이션 인프라의 근본적인 발달에서 결정적인 요인이 되지 못했다. 전 지구적 커뮤니케이션 인프라는 더욱 통합되었고 규제되었으며 제한적이게 되었다. 늘 그렇듯이 결정적인 요인은, 자유를 제한하여 이익을 얻는 이들은 자신의 목적을 향해 가차 없이 밀고 나가기 위해 원하는 대로 쓸 수 있는 부를 자신들에게 저항하는 사람들보다 더 많이 가지고 있다는 점이다. 이것의 경제적 이유는 쉽게 이해된다. 수적으로 소수인 자본가 계급은 불공정한 생산적 자산 분배의 수혜자들이다. 이를 통해 자본가들은 무산 노동자 대중이 생산한 부를 포획할 수 있다.

커뮤니케이션 네트워크가 운영되는 방식에 발언권을 갖기를 원한다거나 어떤 사회 개혁이라도 이루길 바란다면, 사적 소유자들이 우리의 생산성을 그들의 축적된 부로 전환시킬 수 없도록 하는 것에서 시작해야 한다. 우리의 자유에 제약을 부과하기 위해 그들이 사용하는 부는 우리에게서 빼앗아 간 부이다. 우리가 없다면 그들은 부의 원천을 갖지 못할 것이다. 그들이 현재의 부를 계속해서 포획하지 못한다면 착취의 세기부터 축적된 부라 할지라도 경제 엘리트를 궁극적으로 구원할 수는 없을 것이다. 미래의 가치는 과거의 가치보다 훨씬 크다. 네트워크 위상 구조에 대한 우리의 생각들은 자본주의에 근본적인 위협이 되지 못한다. 자본주의는 항상 그 생각들을 흡수하고, 파괴하거나 쉽게 무시할 수 있다. 오히려 자본주의적 질서에 위협을 가하고 새로운 사회를 야기할 수 있는 잠재력을 지니고 있는 것은 국경을 가로질러 협력하고 공유하는 새로운 방식들이다.

자유소프트웨어 프로젝트와 위키피디아 같은 다른 협력 프로젝트의 생산관계에 대한 논의들은 보통 공유지 기반 생산을 억누르고 비물질적인, 무형 생산의 영역 내로 그것을 가두려 한다. 부의 분배에 영향을 미칠 수 없는, 그래서 계급투쟁에서 아무런 역할을 할 수 없는 영역으로 공유지 기반 생산을 배타적으로 제한시킨다. 하버드 법대 기업법 교수 요카이 벤클러는 자유소프트웨어와 위키피디아 그리고 유사 작업들이 생산되는 방식을 기술하기 위해 '또래생산'peer production이라는 용어를 만들었다. 소위 '네트워크 정보 경제'로 자신의 분석을 한정시키면서, 벤클러와 많은 다른 사람들이 이해하는 또래생산의 새로움은 이 공유지의 자산이 다른 사람들의 소비를 방해하지 않으면서도 동시에 소비할 수 있는, 전적으로 '비경쟁적인 자산'이라는 것이다. 이 비경쟁적 자산은 공중파 라디오, 인터넷 상의 비디오, 혹은 자유소프트웨어처럼 네트워크 전송이나 접속이 가능한 자원을 포함할 수 있다. 이런 자산은 사실상 재생산 비용이 들지 않는다. 또한 또래생산이라는 벤클러의 제한적인 개념이 갖는 또 다른 두드러진 특징은 '비보상報償적'이라는 점이다. 이는 생산자들이 자신이 생산한 것에 대해 직접적인 보수를 받지 않는다는 것을 의미한다. 그들의 생산물은 무료로 이용할 수 있기 때문이다. 예를 들어 자유소프트웨어의 사용자는 원 개발자에게 보상할 필요가 없다.

벤클러의 풍요로운 네트워크wealthy network가 많은 기여를 한다는 점을 부인할 수는 없다. 예를 들어 자유소프트웨어와 위키피디아, 온라인 커뮤니케이션, 사회 네트워킹 도구를 사용하는 수백만 명의 사람들이 보여주는 것처럼, 이러한 정보 공유지의 사용자들에게 그것의 가치는 환상적이다. 그러나 공유지 기반 또래생산이 사실상 재생산 비용이 들지 않는 디지털 자산으로 만들어진 공유지로 배타적으로 제한된다면, 생산된 사용가치가 어떻게 교환가치로 전환될 수 있을 것인가? 이러한 가치 생산에 대해 지불하기 위한 화폐는 어디에 있는가? 재생산 비용이 들지 않는 것은 무상 교환의 맥락에서 교환가치를 가질 수 없다. 복제본을 원하는 누구나 그것을 [이미] 가지고 있는 누군가로부터 구할 수 있다. 하지만 그들이 생산하는 것이 교환가치를 갖지 않는다면, 또래 생산자들은 생계유지를 위한 물질적 필요를 어떻게 획득할 수 있는가?

풍요로운 네트워크는 빈곤한 지구라는 맥락 속에 존재한다. 빈곤의 원인은 문화나 정보의 결핍이 아니라, 생산계급에 대한 자산소유 계급의 직접적인 착취다. 빈곤의 원천은 재생산 비용이 아니라 추출된 경제지대, 즉 생산자들이 생산수단에 독립적으로 접근할 수 없도록 함으로써 이들이 자신의 전체 노동 생산물보다 적은 양을 임금으로 받아들이도록 강제하는 방식으로 포획된 잉여가치다. 공유지 기반 또래생산이 정보 공유지에만 제한적으로 적용되는 한, 자본주의적 생산양식이 여전히 물질적 부의 생산을 지배하는 사이에, 물질적 자산의 소유자는 정보 공유지의 생산성의 결과로 창출되는 주변부적 부를 계속해서 포획할 것이다. 정보 공유지에서 파생되는 모든 교환가치는 언제나 물적 자산의 소유자가 포획할 것이다. 이는 공유지 바깥에서 일어난다.

또래생산이 일반적인 물질적 부에 영향력을 가지기 위해서는 물리적 생산수단과 가상적 생산수단 모두 또래생산을 위한 공유지에서 이용가능한, 전체 상품 및 서비스 체계의 맥락 안에서 작동해야 한다. 공유지 기반 또래생산을 정보만의information-only 공유지의 맥락에서 설정함으로써, 벤클러는 덫을 놓는다. 그는 또래경제에서 창출된 가치를 소유 특권이 전유하도록 보장한다. 우리는 벤클러가 물구나무 서 있음을 알았다. 다시 그를 바로 세우기 위해 우리는 또래생산을 재정의할 필요가 있다.

소위 '비물질적, 비보상적 생산'의 생산과정은 결코 비물질적이지 않다. 개발자와 그의 일터, 집뿐만 아니라, 컴퓨터와 네트워크 모두 매우 물질적이며 물질적인 유지관리를 요구한다. 비물질적인 것은 분배이다. 디지털화된 정보, 소스코드source code 36 또는 문화 노동은 순식간에 전 지구적 네트워크를 가로질러 증식하고 나아갈 수 있지만, 아직 생산은 매우 물질적인 것으로 남아 있다. 또래생산이 소프트웨어 같은 비물질적 재화만 생산할 수 있다면, 그리고 생산자는 그런 생산에 대해 아무런 보상을 받지 못한다면, 이러한 '생산'의 형식은 도저히 생산양식이라고 할 수가 없다. 무엇보다 모든 생산양식은 물질적 투입을 설명할 수 있어야 하며, 그렇지 않으면 그것은 사라질 것이다. 리카도의 말에 따르면, 이러한 투입은 적어도 "일련의 노동자들의 생존과 종족 유지가 가능하도록"37 노동 기여자의 생계비를 포

---

36. [옮긴이] 컴퓨터 프로그램을 사람이 읽을 수 있는 프로그래밍 언어로 기술한 컴퓨터 명령문을 말한다. 해당 프로그램의 구조와 작동원리에 대한 모든 정보를 포함하고 있다.

37. Ricardo, *On the Principles of Political Economy and Taxation*, section 5.1.

함해야 한다.

비물질적, 비보상적 생산은 그렇게 할 수 없다. 자유소프트웨어, 자유문화 또는 자유급식free soup을 생산하기 위해서, 생산자들은 다른 원천에서 자신의 생계비를 조달해야 하기 때문이다. 따라서 비물질적, 비보상적 생산은 전혀 생산형식이 아니며, 또 다른 생산형식 내의 특별한 분배사례일 뿐이다. 비물질적, 비보상적 생산은 자선 무료 급식소나 사회의료보장제도와 마찬가지로 생산양식이라 할 수 없다. 그것은 또 다른 생산양식, 즉 자본주의에 기반하고 있는 상부구조 현상일 뿐이다.

현재의 또래생산 사례들이 생산하는 것의 비물질적 분배를 강조하기보다는, 독립 생산자들이 생산적 자산의 공통재를 사용하는 또래생산의 특징에 주목해야 할 것이다. 또래생산에 대한 이러한 견해는 절대 비물질적 재화로 제한되는 것이 아니다. 이렇게 이해함으로써, 또래들의 네트워크가 자신의 노동을 공동 및 개인의 이익을 위해 공통재에 투여한다는 또래생산의 개념은, 오래전에 제안된 노동자('또래')의 계급 없는 공동체가 자산-없는('공유지-기반') 사회 내에서 협력하여 생산하는 사회주의적 생산양식을 분명 떠올리게 한다. 비물질적, 비보상적 정의와는 달리, 이러한 정식화는 물질 투입, 노동 전문화 그리고 자본 형성

수단을 설명할 수 있고, 그 용어가 파생된 또래 네트워크의 위상구조와도 더욱 밀접한 관련이 있다. 이 정의는 또한 또래생산의 사례로 흔히 제시되는 자유소프트웨어, 위키피디아, 그리고 기타 다른 작업들의 생산을 좀 더 세밀하게 기술한다.

더군다나 이 정식화는 목축 공유지와 같은 공유지 기반 생산의 역사적 사례들을 그리고 있기 때문에 역사적으로도 더 뿌리가 깊다. 생산적 자산의 분배는 착취 체계를 영속화시키는 부와 권력의 불평등에 깊숙이 뿌리내리고 있기 때문에, 생산적 자산이 공통적으로 보유되는 생산양식은 분명히 잠재적으로 혁명적인 생산양식이다. 그러나 이 생산형식이 비물질적인 것에 한정되어 있다면, 비물질적 범주로 규정된다면, 이 생산형식의 생산자들은 자신이 창출한 어떤 가치도 가질 수 없다. 그것은 무가치하다. 이것이 바로 아이비리그 법학교수들과 다른 엘리트들이 이러한 제한을 유지하고 싶어 하는 이유다. 하지만 우리가 물질적 자산의 공통재를 독립적으로 공유하는 방식을 이행할 수 있고 그렇게 함으로써 공유지의 범위를 확장하여 비물질적 재화뿐 아니라 물질적 재화까지 아우를 수 있다면, 이러한 자산을 사용하는 생산자들은 자신의 생산물의 가치의 더 많은 부분을 보유할 수 있다.

또래생산은 다른 생산양식들과 다르다. 노동자들이 생산적 자산의 공통재를 독립적으로 사용하는 것은 자본주의적 접근과도, 집산주의적 접근과도 구별되는 다른 생산양식이다. 자본주의적 생산양식은 본질적으로 착취적이다. 그것의 근본적인 논리는 생산수단에 대한 독립적 접근을 막음으로써 노동자로부터 잉여가치를 포획하는 것이다. 그러나 집산주의적 양식도 착취적일 수 있다. 예를 들어 생산자들이 공동으로 소유한 생산적 자산을 집합적으로 사용하는 협동조합 생산에서, 생산적 자산의 분배는 한 조합이 다른 조합을 착취하는 것을 가능하게 함으로써, 상이한 협동조합들 사이에서 불공정을 낳을 수 있다. 사회주의 국가 혹은 대규모 다각화 협동조합 같은 더 큰 규모의 집산주의적 형식들은 협동조합들 간에 일어날 수 있는 착취를 제거한다고 말할 수도 있다. 그러나 이러한 대규모 조직을 관리하기 위해 필요한 관리 단계의 팽창은 관리자 계급을 낳는다. 이 계급은, 자본가 계급과 마찬가지로 노동자에 기생하고 노동자를 억압하는 능력을 갖고 있다는 것이 역사적인 사례로 입증된, 기술관료 엘리트로 이루어진 새로운 계급이다.

또래생산자들은 자기조직적이고 독립적으로 생산하기 때문에 또래생산자 커뮤니티는 관리 단계의 발달 없이도

성장할 수 있다. 그래서 이들은 생산적 자산의 공통재의 공급을 위해 필요한 것 외에 어떤 관리 단계도 필요로 하지 않는다. 따라서 관리는 공통재의 사용을 원하는 사람들 사이에서의 공통재 배분으로 제한된다. 그래서 이러한 유형의 생산이 자유소프트웨어처럼, 공통재가 비물질 재산인 곳에서 생겨나고 번창한 것은 놀라운 일이 아니다. 낮은 복제 비용이 배분의 문제를 제거하기 때문이다. 이와 같이 또래생산이 물질 재화를 공통재로 포함하기 위해 필요한 것은 독립적인 또래들 사이에서 물질 자산을 배분하는 시스템이다. 이 시스템은 최소한의 관리 책임만 부과한다. 이러한 방식이 벤처 코뮤니즘이다.

벤처 코뮤니즘

벤처 코뮤니즘은 생산적 자산의 공통재를 공유하는 독립 생산자들을 위한 구조를 제공하면서, 자유소프트웨어처럼 비물질적 가치의 창출과 배타적으로 결합된 예전의 생산형식들을 물질 영역으로 확장시킨다. 자유소프트웨어 커뮤니티가 성장하고 확산될 수 있게 해 주었던 장치 중 하나는 카피레프트의 창안이었다. 이것은 2차 저작물도 적합한 조건에 따라 사용이 허가되는 한, 카피레프트가 적용된 소프트웨어의 재사용을 허가하는 라이선스 형식이다. 이러한 라이선스에 따라 소프트웨어를 공개함으로써, 그 저작물은 모든 자유소프트웨어 개발자들을 위한 집합적 자산이 된다.

카피레프트의 가장 중요한 혁신은 카피라이트 체계로 하여금 스스로에게 등을 돌리게 한 것이었다. 카피라이트 하에서 주된 통제 수단은 저작물이 공개될 때 적용되는 라이선스이다. 이 라이선스가 설정한 조건에 따라 사람들은 카피라이트가 있는 저작물을 사용하기 위해 허가를 받아야 한다. 카피레프트는 지적 자산에 대한 특권을 강화하는 기존의 장치를 효과적으로 탈취하여, 카피라이트 라이선스가 부여하는 권한을 모든 것에 대한 접근을 보장하기 위해 사용하며 이 자유가 계속 이어지기를 요구한다. 카피레프트는 카피라이트법과 일치하며 그것에 의존한다. 왜냐하면 카피라이트 없이 그리고 카피라이트를 보호하는 제도 없이 카피레프트는 존재할 수 없기 때문이다.

벤처 코뮤니즘은 이와 동일한 자유가 물질적인 생산적 자산으로 확장되어야 한다고 요구한다. 기업은 생산적 자산에 대한 통제를 행사하기 위한 주된 수단이다. 그래서 벤처 코뮤니즘은 기업 형식 — 벤처 코뮌venture commune — 에 기초하고 있다. 물질적 자산을 공유하기 위한 벤처 코뮌의 사용은 특권을 강화하는 기존 장치를 탈취한다. 특권을 강화하는 것 대신 독립 생산자들이 사용할 수 있는 생산적 자산의 공통재를 보호하기 위해서이다.

벤처 코뮌은 법적으로 기업이며 자본가 계급의 벤처 금융venture capital fund과 대체로 비슷하다. 그러나 벤처 코뮌은 자신을 혁명적 노동자들의 투쟁을 위한 효율적 수단으로 전환시키는 차별성을 가진다. 벤처 코뮌은 모든 생산적 자산에 대한 소유권을 보유한다. 이 생산적 자산은 집합적이며 독립적인 또래 생산자들의 다양하고 지리적으로 분산된 네트워크가 이용하는 공통재를 구성한다. 벤처 코뮌은 생산을 관리하지 않는다. 또래 생산자들의 커뮤니티는 자신의 필요와 욕망에 따라 생산한다. 코뮌의 역할은 공통재를 관리하는 것, 즉 또래 생산자들이 요구하는 주택이나 장비 같은 자산을 이들이 이용할 수 있게 하는 일 뿐이다.

벤처 코뮌은 노동자 단체와 개인 노동자들의 연합체이며, 하나의 지분만 가지고 있는 각 구성원이 소유한다. 노동자가 단체나 협동조합에서 일하는 경우, 소유권은 단체나 협동조합을 구성하는 각각의 사람들에 의해 개별적으로 보유된다. 벤처 코뮌의 소유권은 자산이 아니라 노동의 기여로만 획득될 수 있다. 코뮌의 지분은 노동에 의해서만 얻을 수 있다. 토지, 자본, 심지어는 화폐를 기여해도 얻을 수 없으며, 오로지 노동만이 가능하다. 자산은 언제나 모든 코뮌 구성원들이 공통으로 보유하며, 모든 구성원들은 벤처 코뮌을 평등하게 소유한다. 따라서 각 구성원은 절대 자산의 수익에 대한 지분을 불균등하게 축적할 수 없다. 자산은 절대 소수의 손에 집중될 수 없다.

벤처 코뮌의 기능은 구성원들이 생활과 노동을 위해 필요로 하는 장비나 도구 등의 물질적 자산을 취득하고 그것을 구성원들에게 배분하는 것이다. 코뮌은 구성원이 요청하면 이 자산을 취득한다. 이 자산의 사용에 관심이 있는 구성원들은 코뮌에 임대계약서를 제출하여 자산의 점유를 위해 자신이 바라는 조건을 제시한다. 코뮌은 그 자산을 취득하는 데 필요한 자금을 모으기 위해 일련의 채권을 발행하고, 이에 따라 그 자산은 채권소유자들에게 담보물이 된다. 임대계약서는 그 자금이 채권 상환에 이용될 수 있다는 보증으로 제공된다.

이 보증이 이행되지 않으면, 그 자산은 매각될 수 있고 그 돈은 채권소유자에게 전달된다. 이 일련의 채권은 공매에 부쳐진다. 채권 매각이 완료되면, 코뮌은 그 자산을 취득하고, 임대계약서에 따라 임차인으로의 점유 이전이 이행된다. 임차인들이 더 이상 그 자산을 필요로 하지 않거나 합의 조건을 지킬 수 없을 때는 언제든지 그 자산은 코뮌에 귀속되며, 그러면 코뮌은 다시 그 자산을 새로운 임대 계약에 입찰하는 구성원들에게 경매로 내놓는다. 더 이상의 수요가 없으면 그 자산은 매각된다. 자산을 취득하기 위해 발행되었던 채권이 모두 상환된 이후, 그 자산은 완전히 코뮌의 소유가 된다.

그 자산이 벌어들인 잔여 임대소득은 이후 모든 코뮌 구성원들에게 똑같이 분배되어 지불된다. 매각된 자산에서 나온 수익도 비슷하게 분배된다. 자산 임대로 얻는 모든 지대가 코뮌 구성원들에게 균등하게 분배되기 때문에, 기본적으로 돌려받게 될 액수와 같은 양을 자산에 대한 지대로 지불하는 구성원들은 집합적으로 소유한 자산의 [자기] 지분만큼 무료로 사용하게 된다. 이들이 자산에 대한 지대로 지불하는 금액은 코뮌 구성원으로서 돌려받는 지대와 동일하다. 집합적 자산의 1인당 지분을 초과하여 임대하는 구성원들은 더 많이 지불할 것이고, 아마도 그렇게 할 것이다. 왜냐하면 그 자산을 생산적 자산으로 사용하고 있고, 따라서 지불할 만큼의 돈을 벌고 있기 때문이다.

반대로 1인당 지분보다 적게 사용하는 구성원들은 지대로 지불하는 것보다 더 많은 보상을 받는다. 그들은 이렇게 자산을 비축하지 않은 것에 대한 보상을 받는다. 벤처 코뮌의 주요 활동—채권과 임대 계약 관리—은 높은 수준의 관리를 하지 않으며, 비물질적 재화의 배분을 관리하는 컴퓨터 네트워크처럼 컴퓨터 자동화에 잘 어울리는 활동이다. 다수의 벤처 코뮌이 존재할 수 있으며, 그 코뮌들은 상호연관을 맺음에 따라 함께 융합되어 더 크고 더 안정적이며 지속가능한 공유지 기반 생산자들의 커뮤니티를 형성할 수 있다.

보다 공정한 사회를 만들 수 있는 모든 변화는 노동자가 보유하는 부의 지분을 증가시키는 생산양식의 우선적인 변화에 달려 있다. 생산양식의 변화가 최우선이어야 한다. 자산 소유자들이 자신의 후보, 자신의 로비스트, 자신의 지지자, 그리고 궁극적으로 반-혁명적 폭력 능력을 더욱 발전시키는 일에 자금을 대는 방식으로, 모든 변화를 막기 위해 사용할 수 있는 부를 더 많이 가지고 있는 한 이 변화는 정치적으로 이룰 수 없다. 투표나 로비, 혹은 지지 advocacy나 혁명적 폭력에 의해서는 이룰 수 없다. 자산 소유자들이 생산이 중단된 기간 동안 자신을 유지하기 위해 보다 더 축적된 부를 갖고 있는 한 사회는 파업으로 바뀔 수 없다. 단체교섭도 전혀 사회를 바꿀 수 없다. 자산 소유자들이 생산물을 소유하고 있는 한 이들이 생산물의 가격을 정하고 그에 따라 모든 임금상승분은 가격 상승으로 소실되기 때문이다.

벤처 코뮤니즘은 새로운 종류의 사회에 대한 제안이 아니라, 사회적 투쟁에 참여하기 위한 조직 형태로 이해되어야 한다. 벤처 코뮌은 노동조합, 정당, NGO 그리고 다른 잠재적인 계급투쟁 수단을 대체하기 위한 것이 아니라, 그것들을 보완하기[38] 위한, 즉 권력의 경제적 균형을 노동계급 이익의 대표자들 쪽으로 기울이기 위한 것이다. 벤처 코뮤니즘이 없다면, 이러한 다른 조직화된 형식들은 항상 훨씬 더 많은 부를 지닌 적대세력과 대항하여 작동하도록 강제되고, 따라서 끝없는 흡수, 실패, 후퇴를 겪을 수밖에 없다. 유일한 길은 우리의 노동을 비생산자들이 소유한 자산에 투여하는 것을 중단하고 대신 생산적 자산의 공통재를 형성하는 것이다.

벤처 코뮤니즘은 우리 자신의 생산 과정을 통제하고, 우리 노동의 생산물 전체를 보유하며, 우리 자신의 자본을 형성하고, 우리가 부를 집합적으로 충분히 축적해서, 착취를 옹호하는 이들보다 훨씬 더 큰 사회적 영향력을 획득하게 될 때까지 우리 자신의 자본을 확장하는 것이다. 이러한 새로운 경제적 균형은 벤처 코뮤니즘의 평범한 목적보

---

38. [옮긴이] 원문에는 compliment(칭찬하다)라고 되어 있으나, comple-ment(보완하다)의 오기로 보인다.

다 훨씬 더 큰 변화를 가능하게 한다. 진정으로 자유로운 사회에서는 카피레프트 혹은 벤처 코뮤니즘이 필요하지 않을 것이다. 이것은 계급 없는 사회, 즉 평등한 사회의 건설이라는 역사적 소명의 실현을 위해 노동자들을 단결시킬 수 있는 실천수단일 뿐이다.

전 세계의 노동자여 단결하라! 잃을 것은 사슬뿐이요, 얻을 것은 세계다.

텔레코뮤니스트 네트워크 선언

『공산당 선언』(맑스·엥겔스, 1848)의 2장에서 발췌하여 각색한 글이다.[1]

노동자 계급 혁명의 첫걸음은 ~~프롤레타리아트의 지배~~ ~~계급으로의 고양이다.~~ 조직화된 프롤레타리아트의 지배적 경제 계급으로의 고양을 위해, 사람들이 사회적 가치를 위해 생산하고 평등하게 공유하는 기업 네트워크를 개발하고, 이 기업들의 경제적 규모를 구축하고 확장하는 것이다. 노동자들이 자신의 생산을 통제할 때만이 민주주의를 위한 투쟁에서 승리할 수 있다.

프롤레타리아트는 자신의 ~~정치적 지배를~~ 경제력의 확장을 이용하여 부르주아지로부터 모든 자본을 차례차례 ~~빼~~앗고, 모든 생산 도구들을 ~~국가의 수중에, 즉 지배계급으~~ ~~로 조직된 프롤레타리아트의 수중에~~ 공통재에 기대어 생산하는 이들의 수중에 직접 공통재로 ~~집중시키며,~~ 분산시키며, 그렇게 함으로써 가능한 한 신속히 전체 생산력들을 증대시키게 될 것이다.

이것은 물론 처음에는 소유권과 부르주아적 생산 조건 ~~들에 대한 전제적 침입을~~ 위에서 우리의 기업 구축을 통해서만, 따라서 경제적으로는 불충분하고 불안정한 것처럼, 그

---

1. Karl Marx and Frederick Engels, *Manifesto of the Communist Party*, 1848, http://www.marxists.org/archive/marx/works/1848/communist-manifesto/ [칼 맑스·프리드리히 엥겔스, 「공산주의당 선언」, 『칼 맑스 프리드리히 엥겔스 저작선집 1』, 최인호 옮김, 박종철출판사, 2008의 번역을 기준으로 하되 일부 수정하였다. — 옮긴이]]

리고 우리의 목적과는 반대되는 것으로 보일지도 모르지만 운동 과정 속에서 자기 자신을 뛰어넘으며, 낡은 사회질서에 대한 더 많은 침입을 요청하고, 생산 양식 전체의 변혁을 위한 수단으로서 불가피한 방책들을 통해서만 이루어질 수 있는 것이다.

물론 이러한 방책들은 각 ~~국가들에~~ 공동체들에 따라 다양한 것이 될 것이다.

그럼에도 불구하고 대부분의 ~~진보한 국가들에는~~ 공동체들에는 다음의 것들이 거의 전반적으로 적용될 수 있을 것이다.

1. ~~토지~~ 모든 생산 도구들의 소유의 몰수~~와 공동화~~mutual-ization와 모든 ~~토지~~ 지대의 공공 공동 목적으로의 전용

2. ~~고율의 누진세.~~ 공동으로 징수한 전체 지대의 1인당 지분에 상당하는, 각 공동체 구성원에게 지불되는 배당금 형식의 보장소득의 구축.

3. ~~모든 상속권의 폐지.~~ 자신의 노동을 기여한 모든 사람에게 구성원의 권리 부여. 또한 상속, 구매, 또는 다른 모든 종류의 이전에 의해서가 아니라, 노동의 기여에 의해서만 구성원 자

격 부여.

4. 모든 망명 분자들 및 반역자들의 재산 압류. 모든 기업 구성원들이 생산적 자산의 모든 사적 소유를 포기하며 대신 공동의 공통재에서 필요한 것을 임대하여 점유하도록 하는 구속력 있는 계약.

5. 국가 자본과 배타적인 독점권을 가진 국립은행을 통한 국가 수중으로의 신용의 집중. 생산적 자산의 공통재를 구축하기 위한 목적으로 채권이 경매되는 공동채권시장의 설립.

6. 커뮤니케이션 및 운송 수단의 국가 수중으로의 집중. 커뮤니케이션 및 운송수단을 모든 구성원들의 수중에 두는 수단의 개발.

7. 국영 공장과 국가 소유 생산 도구들의 확대, 공통 계획에 의거한 토지의 개간 및 개량. 모든 기업들에게 이용가능한 생산 도구들을 가능한 한 많이 취득하고 확장할 수 있는 기회 제공.

8. 모두에게 동등한 노동 강제. 산업 군대, 특히 농업을 위한 군대 육성. 모두에게 참여와 생산을 위한 동등한 기회 부여.

9. 농경과 공업 경영의 결합. 국가 전역에서 민중에 대한 보다 균등한 분배를 통해 도시와 농촌 간 차이의 점진적 폐지. 생산자와 소비자 간 모든 차이의 폐지와 시장 기반 거래에서 사회적 가치 생산이 판매를 위한 상품생산에 우선하는, 일

반화된 분배 관계로의 전환.

10. 모든 어린이에 대한 공공 무상교육. 오늘날과 같은 형태의 어린이들의 공장 노동 폐지. 교육과 산업 생산의 결합 등등. 모든 구성원을 위한 지식 및 기능 공유 네트워크와 지원체계 구축, 생산기여에 의한 기능계발 기회 제공.

발전 과정 속에서 계급적 차이들이 소멸되고 모든 생산이 전 국민의 세계를 가로지르는 광대한 연합들의 수중에 집중되면, 분산되면, 공권력은 그 정치적 성격을 상실하게 될 것이다. 본래의 의미에서의 정치 권력이란 다른 계급을 억압하기 위한 한 계급의 조직된 폭력에 불과하다. 만일 프롤레타리아트가 부르주아지에 대항하는 투쟁에서 필연적으로 계급으로 단결되고 혁명을 자기조직화를 통해 스스로를 지배계급으로 만들고, 또 지배계급으로서 낡은 생산 조건들을 힘으로 폐기하게 된다면, 그들은 이 생산 조건들과 아울러 계급 대립과 계급 일반의 존립 조건들을 폐기하게 될 것이고, 또 이를 통해 계급으로서의 자기 자신의 지배도 폐기하게 될 것이다.

계급과 계급 대립이 있었던 낡은 부르주아 사회 대신에 각자의 자유로운 발전이 모두의 자유로운 발전의 조건이 되는 하나의 연합체가 나타난다.

자유문화 비판을 위하여

어느 정도 자유문화운동을 위한 선언이라고 볼 수 있는 「혁신, 창조성, 지식에 대한 접근을 위한 헌장」은 이렇게 말한다.[1] "우리는 지식과 문화가 창조되고, 접근가능하며 전환되는 방식으로 혁명의 한가운데에 있다." 이 혁명은, 자본주의와 함께 발전했고 창작자에 대한 착취를 그 뿌리로 하는 카피라이트 체계에 맞선다. 문화 생산에 대한 모든 연구는 엄청난 부의 불균형과 계급투쟁의 맥락에서 이해되어야 한다.

카피라이트의 핵심은 언제나 창작자를 착취하는 환경을 만드는 일이었다. 아이디어에 대한 배타적 권리란 개념으로 인해 카피라이트는 예술가와 작가 사이에서 비판과 반대의 대상이 되어 왔다. 이것은 안티카피라이트의 형식으로 카피라이트에 대한 철저한 반대를 받아들이는 많은 사람들을 포함한다. 디지털 문화의 출현과 파일 공유의 인기는 이러한 특정 반대 형식들을 주류로 이끌었다. 하지만 이 형식들은 대개 계급투쟁의 맥락을 갖지 않으며 카피라이트가 한때는 문화 생산자들을 보호하기 위해 만들어졌

1. 'Charter for Innovation, Creativity and Access to Knowledge 2.0.1', *Charter for Innovation, Creativity and Access to Knowledge*, 'Introduction', http://fcforum.net/charter_extended.

다는 일반적인 오해 때문에 부담을 안고 있다. 이것은 자칭 공통 문화의 창출을 촉진한다고 하지만, 실제로는 좀 더 유연한 사적 소유권 모델을 촉진하는 데 그치는 크리에이티브 커먼즈Creative Commons 같은 프로젝트로 이어졌다.

소프트웨어 생산이 문화 생산을 복제 가능한 디지털 저작물 제작 영역에 연결시킴에 따라, 새로운 형식의 반대와 조직이 자유소프트웨어 제작자들의 커뮤니티에서 생겨났다. 자유소프트웨어 운동과 특히 이것의 엄청난 상업적 성공은 자유문화운동에게 대단히 유용하다는 것이 입증된 방법과 도구를 생산했다. 하지만 자유소프트웨어 운동은 오해도 만들어냈다. 소프트웨어처럼 생산자의 사용을 위해 만든 재화의 경제학은 책, 영화, 음악 같은 소비재와는 다르기 때문이다. 강력한 카피레프트 라이선스 모델, 즉 그런 저작물의 파생물[2차 저작물]의 자유를 보장하는 라이선스 형식을 적용하기 위해서, 소프트웨어와 문화의 상이한 경제학이 고려되어야 하고 그것은 노동계급의 해방과 폭넓은 조화를 이루어야 한다. 소비재가 이윤을 포획하기를 요구하는 예속 사회에서 자유문화는 지속가능할 수 없다. 자유문화는 오로지 자유사회의 맥락 내에서만 실현가능하다.

카피레프트는 소프트웨어 공유지를 창출하는 데 있어 매우 효과적이지만, 문화 저작물 공유지의 수립에는 카피파레프트copyfarleft가 필요하다. 카피파레프트는 공유지 바깥에서 자산을 보유한 조직에게는 [공유지에 대한] 자유로운 접근을 거부하는 자유 라이선스 형식이다.

카피라이트는 검열과 착취의 체계다

'복제권'copy rights의 존재는 소유에 대한 저자의 권리라는 18세기 개념에 선행한다.[2] 16세기부터 17세기까지 왕립 라이선스royal licenses는 특정 출판업자에게 특정 문헌을 인쇄할 수 있는 배타적인 권리를 주었다. 1557년, 칙허장을 통해 런던의 인쇄업자 길드인 〈인쇄출판업자 조합〉에게 배타적인 인쇄 독점권이 부여되었다. 이것이 왕에게 책의 출판이나 금지에 대한 통제를 보장해 주었기 때문이다. 첫 번째 카피라이트는 지식을 통제하고 반대 의견을 검열하기 위한 전제군주제의 이데올로기적 필요로부터 생겨난, 복사물 인쇄에 대한 출판업자의 권리였다.

---

2. 카피라이트의 역사에 관한 정보는 광범위하고 다양한 연구에서 함께 가져온 것이다. 1차 자료들은 '카피라이트에 대한 1차 자료(1450~1900)'에서 많이 찾을 수 있다. 이것은 영국 〈예술과 인문 연구 위원회〉가 초기에 후원한 디지털 아카이브로 웹사이트 주소는 다음과 같다. http://www.copyrighthistory.org/.

1694년에 〈출판허가법〉이 만료된 이후, 〈인쇄출판업자 조합〉의 독점은 지방 서적상들, 즉 아일랜드와 스코틀랜드의 소위 '해적들[불법복제자]'로부터 위협받았다. 〈인쇄출판업자 조합〉은 자신들의 카피라이트 독점을 연장하기 위해 새로운 법안을 의회에 청원했다. 그러나 이곳은 1557년과는 다른 영국이었다. 1649년 찰스 1세를 처형하고, 군주제를 폐지한 뒤 크롬웰 하에서 공화국을 수립했으며, 찰스 2세로 군주제를 복원한 뒤, 1688년 혁명으로 제임스 2세를 몰아내고 1689년 근대적 입헌군주제의 첫 법령, 즉 〈권리장전〉을 통과시켰던 의회와는 다른 곳이었다. 이곳은 이제 존 로크의 영국이었다.

철학자 존 로크는 자유주의 국가와 사적 소유 이데올로기의 주요 설계자 중 한 명이었다. 로크에게 소유권은 자기자신에 대한 소유의 확장이었다. 당신은 당신 자신을 소유하고 있기 때문에 당신이 생산한 것을 소유한다. 소유에 대한 권리는 노동에 의해 생겨난다. 영국 의회는 이제 이러한 관점에 부합하는 시각을 가지게 되었고, 1709년 의회가 제정한 〈앤 여왕법〉은 〈인쇄출판업자 조합〉에 대한 맹공격으로 판명되었다. 이 법은 출판업자가 아니라 저자가 자기 저작물의 소유자라고 선언했고, 새 책의 카피라이트 기간은 14년으로, 기존의 카피라이트는 21년으로 제한했다. "법에서 언급한 시기 동안 인쇄된 책의 원고를 저자 또는 원고 구매자에게 귀속시킴로써, 학문의 장려를 도모하기 위한 법"이라는 부제를 단 〈앤 여왕법〉은 경쟁을 통해 지식 시장을 창출했다. 이 법의 목적은 저자의 저작권을 만드는 것이 아니라 〈인쇄출판업자 조합〉의 독점을 깨뜨리는 것이었다.

출판사가 저작권literary property의 중요한 이유로 무엇을 내세웠던 간에 저자는 주연 배우가 아니었다. 출판업자들은 경제적 권력을 둘러싼 전투에서 저자의 권리를 핑계로 들먹이면서, 법원에서 서로 소송을 제기했다. 자신의 아이디어를 소유하는 자연권을 가진 창작자로서 저자라는 개념은 예술가와 철학자가 발명했는지 모르지만, 이득을 얻은 건 출판업자였다. 법은 시인이 아니라 국가가 만들고, 국가는 경제적 특권을 집행하기 위해 존재하며, 이를 정당화하기에 편리한 철학적 틀은 언제든지 무엇이든 수용한다. 〈앤 여왕법〉은 저자–출판업자 관계의 자본주의적 형식을 성문화했다. 저자는 원칙적으로 자신의 노동 생산물을 소유할 권리를 가졌지만, 비물질적인 아이디어를 창작했고 [그 아이디어를] 출판하기 위한 기술적 수단을 가지고 있지 않았기 때문에 그것을 이용할 수 있는 자본을 가진 또 다른 이에게 자신의 권리를 팔아야만 했다. 이것은 본질적으로 어떤 다른 노동 판매와도 다르지 않았다. 저자의 착취는 지적재산권 체제에 그 시작부터 깊이 새겨져 있었다.

지적 재산과 물리적 재산 사이에는 중요한 차이가 있다. 물리적 재산은 희소하고 한정되어 있는 반면, 지적 재산은 복제될 수 있고, 대개 재생산 비용이 거의 들지 않으며, 복제를 통해 누구라도 동시에 사용할 수 있다. 정보를 재산으로 만들기 위해 카피라이트 체제가 필요한 것은 바로 이러한 무제한적인 복제[재생산]가능성 때문이다. 장기적으로 보면, 모든 재생산가능한 재화의 교환가치는 경쟁에 의해 재생산 비용에 근접하게 된다. 정보 자산의 재생산에는 별다른 장애물이 없기 때문에, 정보 자산은 재생산을 위해 요구되는 노동 및 자원 이상의 교환가치를 가질 수 없다. 즉, 정보는 자신의 장기적인 교환가치를 갖지 않는다. 그래서 이러한 재산의 소유자(거듭 얘기하지만, 생산자와 혼동하면 안된다)는 이러한 재생산[복제]을 금지할 법이 필요하다.

다른 사람이 정보를 재생산하는 것을 불법으로 만들어야만, 소유자는 복제할 권리에 대한 지대를 추출할 수 있다. 카피라이트를 포함하여, 지적재산권은 소유구조를 비물질적 자산과 정보로 확장하는 것이다. 카피라이트는 특정한 종류의 비물질적 부를 물질적 부처럼 소유될 수 있고, 통제될 수 있고, 거래될 수 있게 하려고 시도하는 법적 구성물이다.

어떠한 소유권 체계에서도, 음악가는 봉제 착취공장 textile sweatshop의 노동자들이 그러하듯이 자신의 노동 생산물에 대한 소유를 유지할 수 없다. 출판, 유통, 홍보, 그리고 미디어 생산 수단에 대한 사적 통제 체계는 예술가와 다른 모든 창조 노동자들이 생계비 이상의 돈을 벌 수 없게 만든다. 생화학자든 음악가든 소프트웨어 엔지니어이든 영화제작자든 누구든 간에 자신의 모든 카피라이트를, 그것이 어떤 실질적인 금융 가치도 갖기 전에 저작물의 재생산 비용에 불과한 액수로 자산 소유자에게 양도해 왔다.

19세기 프랑스의 사회주의자이자 최초로 자신을 '아나키스트'라고 명명한 프루동은 소유는 도둑질이라는 유명한 주장을 했다. 이 논리에 따라 소유가 도둑질이라면 지적 소유[지적재산권]는 사기이다. 소유는 엄밀한 법적 의미에서는 도둑질이 아니다. 자유 자본주의 국가의 법이 소유의 토대이기 때문이다. 소유는 철학적 의미에서는, 도둑질이다. 자기-소유의 확장으로서의 로크의 소유 개념에서 생산하지 않은 것을 취하는 것은 본질적으로 부정의하다는 것을 의미하기 때문이다. 이전의 톰슨과 호지스킨처럼, 프루동은 자신의 자산을 생산적 용도에 투여한 사람들의 생산물에 대해 자산 소유자는 적법한 권리를 갖지 않는다고 주장한다.3 폭력에 의지하지 않으면 자산 소유자는 생산과정에 기여한 도구의 재생산 비용 이상을 추출할 수 없을 것이다. 그래서 자본가 계급은 노동자들이 생산수단에 독립적으로 접근하는 것을 막지 않고서는 존재할 수 없다.

미국의 개인주의적 아나키스트 벤자민 터커에 따르면 "대부자는 그대로 돌려받을 권리가 있지만 그 이상은 아니다."4 공유지는 이전에는 재산이 아니었기 때문에, 산업화 이전 시대의 소작농이 새로운 인클로저에 의해 공유지에 대한 접근을 거부당하면 자신의 토지가 도둑맞았다고 말할 수 있었다. 더군다나 이러한 토지몰수의 결과 이들은 임노동을 하도록 강제되었기 때문에 소유 제도 그 자체는 도둑질 제도이다.

하지만 물리적 재산이 도둑맞을 수 있다면 지성이나 아이디어는 어떤가? 토지가 도둑맞은 경우 새로운 사적 소유자가 정한 조건 외에는 더 이상 사용할 수 없다. 아이디어의 소유권이 물질적 재산의 소유권과 유사하다면 그것

---

3. P. J. Proudhon, 'What is Property? An Inquiry into the Principle of Right and of Government', Project Gutenberg Ebook no. 360, http://www.gutenberg.org/ebooks/360 [피에르 조제프 프루동, 『소유란 무엇인가』, 이용재 옮김, 아카넷, 2013].

4. Benjamin Tucker, 'State Socialism and Anarchism : How far they agree, and wherein they differ', The Anarchist Library, http://flag.blackened.net/daver/anarchism/tucker/tucker2.html.

은 경제적 교환, 몰수, 압류라는 동일한 상태에 놓여 있을 것이다. 그리고 압류된 경우 그것은 더 이상 소유자의 재산이 아니게 될 것이다. 그러나 당신의 아이디어를 다른 사람이 사용한다고 해서 당신이 그것을 사용할 수 없는 것은 아니다. 그렇다면 정말로 도둑맞은 것은 무엇인가? 다른 사람을 배제하고 점유할 수 있는 무엇으로서의 전통적인 재산 개념은 아이디어 같은 무형의 것과는 양립할 수 없다. 주어진 시간에 한 장소에서만 존재할 수 있는 물질적 대상과는 달리 아이디어는 무한하고 비배타적이다. 하나의 시는 한 시인의 시에 지나지 않지만 다른 수천 명의 기억 속에 존재한다.

모든 표현은 기존 인식의 확장이다. 아이디어는 독창적인 것이 아니며 역사를 통틀어 축적된 지식의 켜 위에서 만들어진다. 이 공통적인 켜로부터 예술가는 자신만의 명백한 특별함과 혁신을 갖는 작품을 창조한다. 모든 창조적 작품은 역사와 현대적 맥락으로부터 아이디어, 글, 이미지를 재구성한다. 18세기 이전에 시인은 공식적인 표기 없이 영감의 원천과 선조를 인용했고, 극작가는 인용 표시 없이 이전 자료에서 구성과 대화를 자유롭게 빌려다 썼다. 호메로스의 『일리아스』와 『오딧세이아』는 수세기를 거슬러 올라가는 구전을 바탕으로 했다. 베르길리우스의 『아에네이드』는 호메로스에게서 대부분을 가져온 것이다. 셰익스피어는 홀린셰드에게서 서사 구성과 대화의 많은 부분을 가져왔다.

이것은 표절의 개념이 18세기 이전에는 존재하지 않았다는 말이 아니라 그 정의가 근본적으로 변했다는 것을 뜻한다. 표절자plagiarist(문자 그대로, 납치범)[5]라는 용어는 자신의 시를 통째로 베껴 쓰고는 베껴 쓴 사람의 이름으로 유포함으로써 자신의 시를 납치한 사람을 묘사하기 위해 마르티알리스Martial가 1세기에 처음 사용했다. 표절은 다른 이의 작품에 대한 그릇된 횡령이었다. 하지만 새 작품이 이전 작품과 유사한 구절이나 동일한 표현을 사용했다고 해도 고유의 미학적 가치를 가지고 있는 한, 아주 그릇된 횡령으로 여겨지지는 않았다. 창조적 천재의 발명 이후 협업과 전유, 전승의 실천은 빠르게 잊혀졌다. 이전 작품에서 표현을 가져왔다는 이유로 콜리지, 스탕달, 와일드 그리고 T. S. 엘리엇에게 제기되는 표절 혐의는 저자권authorship과 배타적 소유라는 근대적 개념을 따르는 표절의 근대적 재정의를 반영하는 것이다.

---

5. [옮긴이] 영어 plagiarism(표절)은 '납치범, 유혹하는 사람, 약탈자, 다른 사람의 아이 또는 노예를 납치하는 사람'이란 뜻을 지닌 라틴어 plagiarius에서 생겨난 말이다. plagiarius는 '올가미', '그물'의 뜻을 지닌 plaga에서 온 말이다.

아이디어는 바이러스와 같다. 아이디어는 다른 아이디어와 결합하여 형태를 바꾸고 낯선 영토로 옮겨간다. 지적재산권 체제는 아이디어의 뒤얽힘에 제한을 가하고 인공적인 인클로저로 아이디어를 포획하여 소유권과 통제로 독점 이익을 뽑아낸다. 지적재산권은 사기다. 즉 자신을 아이디어나 표현 또는 기법의 유일한 '소유자'로 거짓 재현하기 위한, 그리고 생산적 실천으로 이 '재산'을 인식, 표현 혹은 적용하기를 원하는 모든 사람들에게 세금을 부과하기 위한 법적 특권이다. 표절은 '소유자'에게서 아이디어의 사용을 박탈하지 않지만, 국가의 침해적 폭력에 의해 뒷받침되는 지적재산권은 모든 사람들에게서 공통문화의 이용을 박탈한다.

이러한 박탈의 기반은 자신의 상상력의 원천으로부터 독창적인 작품을 창조하고 따라서 소유에 대한 자연적이고 배타적인 권리를 갖는 주권적 개인으로서의 저자라는 법적 허구이다. 푸코는 저자권이 지식의 자유로운 유통, 조작, 구성, 탈구성, 재구성을 방해하는 기능적 원리임을 드러냈다.[6] 저자-기능은 아이디어의 확산에 대한 압제 형식을 나타낸다. 이 압제의 효과, 그리고 압제가 보호하고 유지하는 지적

6. Fiona Macmillan, *New Directions in Copyright Law* (Cheltenham, UK:Edward Elgar Publishing, 2007), 212에서 재인용.

재산권 체계의 효과는 우리에게서 우리의 문화적 기억을 앗아가고, 우리의 말을 검열하며, 우리의 상상력을 법에 구속시키는 것이다. 그럼에도 예술가는 계속해서 창조적 천재라는 신화와의 유대를 통해 추켜세워지고 그 신화가 어떻게 자신의 착취를 정당화하고 재산을 소유한 엘리트의 특권을 확장하는 데 사용되는지에는 눈을 감는다.

카피라이트는 독창성을 향한 경쟁이라는 전쟁에서 저자와 저자를 겨루게 한다. 이것의 효과는 경제적이지 않다. 카피라이트는 또한 특정한 지식생산 과정을 자연적인 것으로 만들면서 공통문화의 개념을 불법적인 것으로 만들고 사회적 관계들을 손상시킨다. 자신의 생각, 표현, 작품을 공유하거나 창조성의 공통적인 풀pool에 기여하는 것은 예술가에게 권장되지 않는다. 대신 자신의 독창적 아이디어를 낚아채고 더럽히기 위해 잠복하고 있는 잠재적 경쟁자, 첩자, 도적으로 간주되는 이들로부터 자신의 '재산'을 빈틈없이 지키도록 강제된다. 이것이 소외된 지적 노동자와 창조 노동자의 생산물을 전유하려 하는 자본주의의 상像으로 창조되는 예술계의 비전이다.

위트레흐트 예술대학교 예술정치학과 명예교수 요스트 스미르스Joost Smiers는 카피라이트의 폐지를 주장하는 사람에 속한다. 그는 카피라이트가 예술가의 지위를 손상시키는 반反경쟁 우위를 대규모 미디어복합기업에 선사함으로써 미디어 소유를 집중시킨다고 주장한다. 예술가들은 카피라이트의 배타성보다는, 많은 출판업자들이 예술가들의 서비스를 놓고 경쟁하는 공평한 경쟁의 장에서 더 많은 것을 얻을 수 있다.[7] 카피라이트의 시장 비효율을 고려 하는 스미르스 교수의 지적은 타당하다. 카피라이트는 폐지되어야 한다. 그러나 카피라이트가 폐지될 것이라고 믿을 수 있는 근거는 없다.

카피라이트가 현대 자본주의적 시장의 유일한 시장 비효율은 아니다. 시장 비효율이 없다면 자본은 모든 산업 분야에서 자신의 재생산 비용 이상을 포획할 수 없을 것이다. 경쟁의 제거는 자본주의 논리의 핵심이다. 불공정한 이점이 없다면 소유자라는 자본가 계급은 부를 축적할 수 없고 자본주의는 존재할 수 없을 것이다. 스미르스는 카피라이트에 대한 비판에서는 옳으며 나아가 그것이 검열의

---

7. 요스트 스미르스와 마리에케 반 쉔들(Marieke van Schijndel)은 『카피라이트도 없고 문화복합기업도 없는 곳을 상상하기』(*Imagine there is NO Copyright and No Cultural Conglomerates Too : An Essay*)(Amsterdam : Institute of Network Cultures, 2009) 라는 제목의 책을 〈네트워크 문화연구소〉의 〈Theory on Demand〉 시리즈의 일환으로 냈다. 다음의 주소에서 주문형 인쇄와 pdf 내려받기가 가능하다(http://networkcultures,org/wpmu/theoryondemand/titles/no04-imagine-there-are- is-no-copyright-and-no-cultural-conglomorates-too/).

형식이라고 비난할 때도 옳다. 그러나 모든 정치사상과 마찬가지로, 카피라이트의 폐지는 폐지를 지지하는 사람들이 반대하는 사람들의 부를 극복할 수 있을 때 비로소 이행될 수 있다. 현재로선 그렇지 않다.

지난 2세기 이상 아이디어에 대한 사적 소유는 공통문화의 기억, 즉 지식은 아이디어, 말, 소리 그리고 이미지를 모두가 자유롭게 사용할 때 번성한다는 인식을 제거하지 못했다. 소유 저자proprietary author의 탄생 이후 끊임없이 다양한 개인 및 그룹은 지적재산권 체제에 그리고 창작물을 '소유한' 몇몇 개인에게 주어져 다른 이들의 창작물 사용과 재해석을 금지하는 그 '권리'에 도전해 왔다.

1870년, 초현실주의자 루이 아라공과 앙드레 브르통이 발견하고 숭배한 한 벌의 원고, 「시」Poesies에서 우루과이 출생의 프랑스 시인 로트레아몽은 몰개성적인impersonal 시, 즉 모두가 쓴 시의 회귀를 요청했다. 로트레아몽은 "표절은 필연적이다"라고 말했다. "진보는 그것[표절]에 의지한다. 그것은 저자의 문장에 들러붙어 있고, 저자의 표현을 사용하며, 그릇된 사상을 지우고, 진실한 것으로 대체한다."[8] 그의 정의는 소유관계를 정당화하기 위해 사용된 개

---

8. Mustapha Khayati, 'Captive Words : Preface to a Situationist Diction-
ary', trans. Ken Knabb, *Internationale Situationiste 10, Situationist*

인의 창조성이라는 신화를 진보의 이름으로 전복시켰다. 여기서 개인의 창조성이라는 신화는 사실상 문화의 사유화를 통해 진보를 방해했다. 저자권이라는 인공적 인클로저를 인정하지 않고 문화를 집합적 생산의 영역으로 재전유하는 것은 자연스러운 반응이었다. 로트레아몽의 경구는 20세기 아방가르드에게 기준점이 되었다. 뒤샹의 레디메이드에서 신문을 오려 내 시를 만드는 차라Tzara의 작시법과 회흐Höch, 하우스만, 하트필드의 포토몽타주까지 다다Dada는 독창성을 거부했고 모든 예술적 생산을 재활용과 재구성으로 표현했다. 다다는 또한 예술품과 글의 생산뿐 아니라 미디어 속이기media hoaxes, 정치모임 개입, 거리시위를 집합적으로 작업함으로써 고독한 천재로서의 예술가 그리고 분리된 영역으로서의 예술이라는 사고에 도전했다. 예술적 가치에 대한 다다의 공격은 그 가치를 만든 자본주의적 토대에 대항하는 반란이었다.

상황주의 인터내셔널Situationist International, SI[이하 상황주의]은 다다이즘의 사고를 체계적인 이론으로 발달시켰다. 상황주의는 기존의 예술작품, 영화, 광고, 만화를 우회detour하거나, 그것이 가진 지배적 의미를 재코드화하는 전

International Online, http://www.cddc.vt.edu/sionline/index.html에서 재인용.

용^{detournement}의 실천이 다다이즘적 실천에 빚을 지고 있다고 인정했다. 그러나 차이는 있었다. 이들은 다다를 지배적 이미지에 대한 부정적 비판(이미지 부정이라는 손쉬운 재인식에 의존하는 것)으로 보았고 전용을 단순하게 존재하는 조각들의 새로운 작품 생산 요소로의 긍정적 재사용으로 정의했다. 전용은 무엇보다 전통에 대한 반대가 아니었다. 오히려 전용은 낡은 세계의 조각들로부터 새로운 세계의 재발명을 강조했다. 그리고 절대적으로 혁명은 무엇보다 과거에 대항하는 반란이 아니라 새로운 실천과 행동양식을 창조함으로써 다른 방법으로 살아가는 것을 학습하는 방법이었다. 이러한 행동양식은 대개 서명이 없는 집합적 글쓰기를 포함했고 자신의 작업에 '카피라이트 반대'^{no copyright} 혹은 '안티카피라이트' 표기를 함으로써 카피라이트 체제를 절대적으로 거부했다. 그 표기는 다음과 같은 사용법을 따랐다 : 이 책의 모든 텍스트는 출처에 대한 언급없이 자유롭게 복제, 번역, 각색될 수 있다.

디지털화는 급진적 예술가가 실천한 표절이나 포스트구조주의 이론가들의 저자에 대한 비판보다 저작권과 지적재산권이라는 전통적 개념에 훨씬 위협적이라는 것이 입증되었다. 컴퓨터는 독특하고 독창적인 작품의 고독한 창조자로서의 저자라는 근대적 허구에 필수적인 경계를 지워버린다. 소유권은 텍스트 간의, 저자와 독자 간의 분리를 상정한다. 이러한 분리의 인위성은 점점 명백해지고 있다. 메일링 리스트, 뉴스그룹, 오픈 출판 사이트에서 독자에서 저자로의 전환은 자연스러우며, 독자들이 원문에 대한 글을 쓰고 그 속에 인용표시 없이 원문의 구절을 삽입함에 따라 원문들 간의 차이는 사라진다. 온라인 글쓰기의 카피라이트를 취득하려는 시도는 점점 터무니없는 일이 되어 간다. 예를 들어 텍스트는 보통 집합적으로 생산되고 즉시 증식된다. 온라인 정보가 카피라이트 관행에 대한 고려 없이 유포됨에 따라 소유 저자라는 개념은 정말 과거의 유령이 된 것처럼 보인다. 아마도 디지털화의 가장 중요한 영향은 디지털화가 지적재산권의 전통적인 후원자들을 위협하는 것이다. 일반 사람들이 스스로 생산하고 유통할 수 있는 수단을 갖춤에 따라 출판사, 음반회사, 영화산업에 의한 독점적 통제가 더 이상 필요하지 않기 때문이다.

크리에이티브 안티-커먼즈 The Creative Anti-Commons

자유소프트웨어, 파일공유 그리고 다른 미디어의 샘플링과 재사용에 기반한 예술형식의 출현은 전통적인 카피라이트 체계에 심각한 문제를 야기했다. 특히 음반 및 영화산업은 소비자들이 자신의 재산을 내려받거나 샘플링하지 못하도록 하기 위해, 즉 카피라이트를 지키기 위해 거의 전면전을 치르는 중이다. 디지털 네트워크 기술이 음반 및 영화 산업에 심각한 문제를 야기하는 것은 분명하다. 카피라이트 규제에 대한 반대는 아방가르드 예술가, 진^{zine} 제작자, 급진적 음악가, 하위문화 프린지로 이루어진 풍부한 역사를 지니고 있다. [그러나] 오늘날 지적재산권에 대한 싸움은 변호사, 교수, 정부 당국자들이 이끌고 있다. 주도자들이 속한 사회계층이 매우 다를 뿐 아니라, ─ 사실 이것은 그 자체로 아주 특별히 중요한 문제는 아닐 수도 있다 ─ 지적재산권에 맞선 투쟁의 틀이 완전히 변했다.

로렌스 레식과 같은 법학교수들이 지적재산권에 흥미를 갖기 이전에 반대자들 사이에서의 담론은 지적 공유지 혹은 물리적 공유지에 대한 어떠한 소유권도 반대하는 것이었다. 이제 소유권과 경제적 특권을 지지하는 자들이 중앙 무대를 점령했다. 이제 주장되는 것은 저자는 허구이며 소유는 도둑질이라는 것이 아니라 지적재산권 법이 창작자의 권리를 침해하고 있기 때문에 제한되고 개선되어야 한다는 것이다. 레식은 글로벌 미디어 기업과 이들의 강력한 로비로 강요된 카피라이트법의 최근 변화, 즉 터무니없이 연장된 카피라이트 기한과 예술가의 창조성을 제한하는 다른 왜곡에 대해 비판한다. 그러나 그는 카피라이트 [그 자체]는 이런 식으로 문제삼지 않는다. 카피라이트를 예술가들이 창작하기 위한 가장 중요한 동기로 바라보기 때문이다. 여기서 그의 목적은 지적재산권 극단주의 및 절대주의를 막아내고 지적재산권의 유익한 점들을 보존하는 것이다.

베를린에서 열린 〈위저드 오브 오에스4〉Wizards of OS4의 발표자료에서 레식은 역사상 대부분의 시기 동안 표준이었던 공동저자권과 파일 공유의 읽고-쓰기 문화를 찬양했다. 레식이 설명한 것처럼 지난 세기 동안 이 읽고-쓰기 문화는 지적재산권 법에 의해 좌절되어 왔고 생산자-통제 체제가 지배하는 읽기-전용 문화로 전환되었다.9 레식은 DJ 데인저 마우스Danger Mouse(〈더 그레이 앨범〉)와 하비에르 프라토Javier Prato(〈지저스 크라이스트 : 더 뮤지컬〉) 같은 리믹스 음악가의 작업을 검열해 온 카피라이트법의 최근의 희화화를 한탄한다.10 두 음악가 모두 이전의 존 오스왈

9. Lawrence Lessig, (presentation at Wizards of OS 4 : Information Free-dom Rules international conference, Berlin, Germany September 14~16, 2006).
10. [옮긴이] 데인저 마우스가 2004년 공개한 〈더 그레이 앨범〉(The Grey Album)은 제이지(Jay-Z)의 〈더 블랙 앨범〉(The Black Album)과 비틀즈

드와 〈네거티브랜드〉Negativland가 공격을 받았듯이 자신의 작품 생산에 사용한 음악의 법적 소유자의 공격을 받았다. 이들 사례에서 법의 시각에 따라 단순한 소비자로 설정된 예술가의 의도는 생산자 — 각각 비틀즈와 글로리아 게이너 — 와 이들의 법적 대리인에 의한 통제에 종속되었다. 문제는 생산자-통제가 읽기-전용 문화를 만들어 내며 창조적 생산의 다양성과 활력을 파괴하고 있다는 점이다. 이것은 다른 모든 사람들을 희생하여 소수의 특권적 '생산자'의 편협한 이익을 조장하고 있다.

레식은 생산자-통제와 (모두가 사용하고 기여할 수 있는 공통의 가치 자산인) 문화적 공유지를 대비시킨다. 공유지는 생산자-통제를 거부하고 소비자의 자유를 주장한다. 자유문화의 '자유'free는 '자신의' 저작물 사용을 통제하는 국가 강제의 생산자 자유가 아니라 공통의 문화 자산을 사용하는 소비자의 자연적 자유를 가리킨다. 원리적으로 문화적 공유지라는 개념은 생산자와 소비자 간의 구별을 폐지하고 이들을 진행 중인 과정의 동등한 행위자로 여긴다.

의 〈더 화이트 앨범〉(The White Album)을 섞어 만든 매시업(mashup, 기존의 콘텐츠들을 차용하여 새로운 콘텐츠를 만드는 것) 앨범이다. 데인저 마우스가 이 앨범을 인터넷 매장에 한정 수량으로 발매하자 비틀즈의 판권을 소유한 EMI가 데인저 마우스와 매장에 유통 중지를 요청했다. 그러나 이 앨범은 인터넷을 통해 퍼지면서 엄청난 인기를 얻었다.

오늘날 좀 더 명확하게 크리에이티브 커먼즈 프로젝트의 맥락 내에서 레식은 읽고-쓰기 문화의 가능성이 되살아난다고 주장한다. 하지만 크리에이티브 커먼즈는 정말 공유지인가? 크리에이티브 커먼즈의 웹사이트에 따르면 크리에이티브 커먼즈는 완전한 카피라이트(모든 권리는 제한되어 있음)와 퍼블릭도메인public domain(제한된 권리 없음) 사이에서 가능한 스펙트럼을 규정한다. 또한 크리에이티브 커먼즈는 카피라이트의 유지를 돕지만 저작물의 특정한 사용을 요청하는 라이선스를 제공한다. 즉 '일부 권리가 제한된' 카피라이트이다. 요점은 명백하다. 크리에이티브 커먼즈는 생산자 '당신'이 '당신의' 저작물에 대한 통제를 유지할 수 있도록 돕기 위해 존재한다. 당신은 복제금지, 2차 저작물 금지 혹은 상업적 이용 금지 같은, '당신의' 저작물에 적용하고 싶은 제한의 범위를 선택하라는 요청을 받는다. 저자-생산자처럼 당신이 제작하고 이야기한 모든 것은 당신의 재산으로 간주된다. 소비자의 권리는 언급되지 않으며 문화 생산자와 소비자 간의 구별도 논의되지 않는다. 크리에이티브 커먼즈는 생산자-통제를 거부하기보다 오히려 정당화하고 생산자와 소비자 간의 구별을 폐지하기보다 오히려 강화한다. 크리에이티브 커먼즈는 소비자가 공통재로부터 사용가치나 교환가치를 창출할 수 없도록 생산자가 금지하는 법적인 틀을 확장시킨다.

진정한 공통재가 아니라 저작물에 대한 '공유지 증서'를 창출하는 이러한 문제는 크리에이티브 커먼즈로 대표되는 전형적인 카피저스트라이트copy-just-right 접근법이다. 비틀즈와 글로리아 게이너가 크리에이티브 커먼즈의 틀에 따라 자신의 앨범을 냈다면 〈더 그레이 앨범〉 또는 〈지저스 크라이스트:더 뮤지컬〉이 존속해도 되는지는 DJ 데인저 마우스나 하비에르 프라토가 아니라 여전히 비틀즈와 글로리아 게이너의 선택이 될 것이다. 비틀즈와 글로리아 게이너의 법적 대리인은 자신의 저작물에 대한 통제를 가하기 위해 손쉽게 크리에이티브 커먼즈 라이선스를 사용할 수도 있었을 것이다. 소비자에게 부여하는 자유의 수준을 선택할 배타적 권리, 레식이 절대 문제 삼지 않았던 그 권리를 생산자가 가지고 있는 한 레식이 이야기한 바로 그 생산자–통제의 문제는 크리에이티브 커먼즈 '해결책'으로 해결되지 않는다. 자신의 저작물을 발행하는 데 있어 제한 수준을 선택할 '자유'를 생산자에게 허가하는 크리에이티브 커먼즈의 사명은 공유지 기반 생산의 실제 조건과 모순된다. 레식이 크리에이티브 커먼즈의 주장을 홍보하기 위해 DJ 데인저 마우스와 하비에르 프라토를 사례로 드는 것은 당치도 않은 일이다.

또한 자유소프트웨어 운동에 대한 레식의 찬양은 거짓으로 들린다. 자유소프트웨어의 구조는 모든 사람들이 소스코드라는 공통자원을 사용할 수 있도록 (기술적으로뿐만 아니라 법적으로, 즉 그 라이선스 형식으로) 보장하기 때문이다. 자유소프트웨어 운동의 원리를 확장한다는 주장에도 불구하고 창작자가 자신의 저작물이 사용되는 방식을 선택하는 크리에이티브 커먼즈의 자유는 일반 공중 라이선스General Public License, GPL(이하 GPL)의 자유와는 매우 다르다. 자유소프트웨어 운동의 중심 인물인 리차드 스톨만이 만든 GPL은 사용자가 동일한 자유를 계승하는 한 소프트웨어를 복제, 수정, 배포할 수 있다. 스톨만은 최근 크리에이티브 커먼즈 전체를 거부하는 발언을 했다. 그 라이선스의 일부는 자유지만 다른 것들은 비-자유이기 때문이다. 스톨만은 크리에이티브 커먼즈가 사람들을 혼란시켜 공유라벨[11]이 무언가 중요한 것처럼 오해하게 만든다고 주장했다. 사실 그 라벨 이면에는 공통 기준도 윤리적 입장도 없는데도 말이다.[12]

---

11. [옮긴이] 공유라벨(common label)은 크리에이티브 커먼즈(CC) 라이선스로 발행되는 저작물에 표시되는 라벨을 가리키는 것으로 보인다. 저작물의 생산자가 정한 저작물 사용방식에 대한 정보를 담고 있다. CC 라이선스에 대한 더 자세한 정보는 CC 홈페이지(http://cckorea.org)를 참고할 것.

12. DaBlade, 'Richard Stallman Interview', *P2Pnet News* February 6,

카피레프트가 법적으로 소유권을 주장하면서도 사실상 소유권을 포기한 반면 크리에이티브 커먼즈의 소유권에 대한 언급은 반어적인 것이 아니라 진심 어린 말이다. 크리에이티브 커먼즈의 선택적인 라이선스는 저자의 특별한 선호와 취향에 따라 사용자의 자유를 자의적으로 제한할 수 있다. 이러한 의미에서 크리에이티브 커먼즈는 카피라이트의 좀 더 정교한 버전이다. 크리에이티브 커먼즈는 카피라이트 체제 전체에 도전하지 않으며 카피레프트처럼 카피라이트의 실행을 뒤집기 위해 법적인 외피를 유지하지도 않는다.

퍼블릭도메인과 안티카피라이트, 카피레프트는 모두 공유지, 즉 모든 사람들이 자유롭게 사용할 수 있는 비-소유의 공유공간을 창출하기 위한 시도이다. 권리와 책임에 대한 다양한 해석에 따라 사용 조건은 다를 수 있지만 이 권리들은 공통적인 권리이며 공동체 전체가 차별 없이 자원을 공유한다. 자원의 사용은 크리에이티브 커먼즈의 방법처럼 개별 구성원의 기분에 따라 그때그때 다르게 자의적으로 허가되는 것이 아니다. 크리에이티브 커먼즈의 잡다한 문화 재화는 공통적으로 유지되지 않는다. 그 사용

2006. http://www.p2pnet.net/story/7840.

을 허가할지 아니면 거부할지가 개인 저자의 선택에 달려 있기 때문이다. 따라서 크리에이티브 커먼즈는 안티-커먼즈[반反-공유지]이며 의도적으로 오해를 불러일으키는 이름으로 자본주의적 사유화 논리를 퍼뜨린다. 그것의 목적은 정보를 자유롭게 함으로써가 아니라 소유권과 생산자-통제의 여러 그늘을 보다 세련되게 규정함으로써 '지적 재산의 소유자가 빠르게 일어나는 정보 교환을 따라잡을 수 있도록 돕는 것이다.

지적재산권의 폐지를 위한 운동으로 시작했던 것이 소유자가 원하는 대로 라이선스를 만드는 운동이 되었다. 한때 급진주의자, 해커, 해적의 위협적인 운동이었던 것이 이제 갑자기 자본주의의 옹호자, 수정주의자, 개혁주의자의 영역이 되었다. 자본은 위협받으면 자신의 반대파를 흡수한다. 우리는 역사를 통해 이러한 각본을 수차례 보아 왔다. 사실 그러한 흡수의 가장 극적인 사례 중 하나는 자기 조직화된 노동자 평의회가 기업 소유자와 법적 계약을 교섭하는 노동조합 운동으로 전환된 것이다. 크리에이티브 커먼즈는 지적 재산에 대한 '권리'에 물음을 던지지 않고 대신 경기의 승부와 그 규칙이 사전에 결정된 경기장에서 작은 양보를 얻으려고 노력하는 유사한 파멸 사례이다. 크리에이티브 커먼즈의 실제 효과는 이미 허용된 영역 내로 정치적 논쟁을 제한하는 것이다.

크리에이티브 커먼즈는 이렇게 논쟁의 장을 제한하면 서도 스스로를 지적재산권에 맞선 투쟁의 전위로, 급진주 의자로 그린다. 크리에이티브 커먼즈는 비상업적 라이선스 에서 일종의 기본적인 정설이 되었고 일반적으로 스스로 를 좌파라고 여기는, 특히 지적재산권 체제에 반대하는 예 술가와 지식인 사이에서 인기 있는 운동이 되었다.

크리에이티브 커먼즈 라벨은 마치 그것이 진정한 '자유 문화' 혁명이 도래하기 위한 필요충분조건인 것 마냥 무수 히 많은 사이트, 블로그, 강연, 글, 미술품, 음악작품에 도덕 적으로 호소된다. 크리에이티브 커먼즈는 더 광범위한 카피 파이트copyfight 운동의 일환이다. 카피파이트 운동은 '지적 재산권'을 폐지하고 '진정으로' 저자의 권리 보호를 모색했 던, 타락하기 이전의 카피라이트법이라는 신화적 원리로 돌 아가기 위한 싸움으로 정의된다. 이 운동에 참여하는 개인 및 그룹은 '더 똑똑한 지적재산권'이라 불려온 것, 즉 우리 의 사회적, 문화적, 경제적 안녕에 결정적으로 중요한 자유 언론, 민주주의, 경쟁, 혁신, 교육, 과학의 진보 그리고 여타 의 것들을 위협하지 않는 지적재산권의 개혁을 지지한다.

낭만주의 시기에 처음 등장했던 카피라이트 투쟁의 묘 한 반복에서 자본주의적 지적재산권 형식의 과잉은 자본

자신의 언어와 가정의 사용을 통해 저지된다. 크리에이티브 커먼즈는 독창성, 창조성, 소유권이라는 낭만주의의 사고를 보존하며 마찬가지로 '자유문화'를 물질적 생산의 세계와 분리되어 영광의 고립splendid isolation 속에 존재하는 영역으로 간주한다. 18세기 이후 줄곧 '창조성'과 '독창성'이라는 사고는 지식의 반反-공유지와 떼어놓을 수 없는 관계에 놓여 있다. 크리에이티브 커먼즈도 예외가 아니다. 크리에이티브 커먼즈를 아우르는 카피파이트 운동의 이러한 관점은 자유문화 역사의 '자유'라는 사고와 모순된다. 예를 들어 1950년대 말부터 1970년대 초까지 간행된 저널 『상황주의 인터내셔널』은 다음의 카피라이트 서술과 함께 발간되었다. "상황주의 인터내셔널에서 발간된 모든 텍스트는 출처에 대한 표시 없이 자유롭게 복제, 번역, 각색될 수 있다."[13]

훨씬 더 이전인 1930년, 우디 거스리Woody Guthrie는 자신의 앨범의 노랫말을 원했던 사람들에게 아래의 주석이 달린 노래책을 배포했다.

이 곡은 미국에서 카피라이트 #154085라는 표기 하에 28

---

13. 상황주의 인터내셔널의 글 모음과 저널 『상황주의 인터내셔널』은 '상황주의 인터내셔널 온라인'(http://www.cddc.vt.edu/sionline/index.html)을 참고할 것.

년 동안 카피라이트의 보호를 받는다. [그러나] 우리는 아무 관심이 없기 때문에 우리의 허가 없이 노래하는 사람들 모두 우리의 아주 좋은 친구가 될 것이다. 이 곡을 발표하고, 쓰고, 불러라. 춤을 추고, 노래하라. 우리는 곡을 썼고 그것이 우리가 하고 싶었던 전부다.[14]

분명한 것은 이들 사례에서 강조되는 자유는 생산자가 통제하기 위한 '자유'가 아니라 소비자가 사용하고 생산하기 위한 자유라는 점이다. 자유문화가 정말로 문화 또래생산을 위한 공통재를 창출하려 한다면, 자유문화를 공격할 수 없는 방식으로 명확하게 고안된 틀이 제공되어야 한다. 우디 거스리와 상황주의 인터내셔널이 제시한 조건은 이를 충족한다. 크리에이티브 커먼즈는 그렇지 않다. 또한 자유문화의 지지자들은 생산자-통제의 권리를, 생산자와 소비자 간 구별 강화를 단호히 거부해야 한다.

---

14. Ernest Miller, 'Woody Guthrie on Copyright'. Copyfight. July 27, 2004. http://copyfight.corante.com/archives/2004/07/27/woody_guthrie_on_copyright.php.

자유소프트웨어 : 카피라이트는 자신을 좀먹는다

복제가능한 정보가 법에 의해서만 희소하게 된다면 법에 의해 풍부해질 수도 있다. 카피레프트라 불리는, 카피라이트법 자체를 카피라이트에 반대하는 형식으로 사용하는 이 실천은 소프트웨어 개발과 자유소프트웨어 커뮤니티의 성장 속에서 명성을 얻게 되었다.

일반공중라이선스GPL는 첫 번째 카피레프트 라이선스였다. 많은 자유소프트웨어가 그것에 따라 공개됐다. 일반공중라이선스의 창안자 리차드 스톨만은 디지털 복제 시대에 카피라이트의 역할은 완전히 전도되었다고 주장한다. 카피라이트는 일반 공중을 위해 저자가 출판업자를 제한할 수 있게 하는 법적 조치로 시작했지만 이제 스스로 복제 생산 수단을 가지게 된 일반 공중에게 제한을 가함으로써 출판업자의 독점을 유지시키는 무기가 되었다. 보다 일반적인 카피레프트의 목적, 그리고 GPL 같은 특정한 라이선스의 목적은 이 전도된 관계를 다시 뒤집는 것이다.

카피레프트는 카피라이트법을 이용한다. 하지만 그 법의 통상적인 목적과는 반대되는 것에 기여하기 위해 그 법을 뒤집는다. 카피레프트는 사유화를 조장하는 대신 모든 사람이 소프트웨어 또는 기타 저작물을 사용, 복제, 배포,

수정할 수 있는 자유를 갖도록 보증한다. 카피레프트의 유일한 '제한'은 바로 자유를 보장하는 것, 그리고 모든 복제물과 2차 저작물이 동일한 라이선스에 따라 재배포되어야 하기 때문에 다른 누구의 자유도 사용자가 제한할 수 없다는 것이다. 카피레프트는 법적으로는 소유권을 주장하지만 카피레프트를 유지하는 한 누구라도 자신의 선택에 따라 저작물을 사용할 수 있게 함으로써 사실상 소유권을 포기한다. 단지 형식적인 소유권 주장은 누구도 카피레프트가 적용된 저작물에 카피라이트를 부과하여 사용하고 제한할 수 없음을 의미한다.

카피레프트 라이선스는 〈자유소프트웨어 재단〉의 '네 가지 자유조항'the four freedoms에 따라 정보의 재사용과 재배포가 이루어져야 한다고 요구함으로써 지적 재산의 자유를 보장한다. 이 네 가지는 사용, 연구, 수정, 재배포의 자유이다.[15] 역사적 맥락에서 보면 카피레프트는 카피라이트와 안티카피라이트 사이 어딘가에 있다. 자신의 저작물을 안티카피라이트로 하는 작가의 행위는 지식은 소유자가 없을 때만 번성할 수 있다고 단언하는 관용의 정신으로 이루어졌다. "제한된 권리는 없습니다"라는 선언처럼 안티

---

15. 〈자유소프트웨어 재단〉(Free Softwoare Foundation) 홈페이지(http://www.fsf.org/)를 보라.

카피라이트는 불완전한 세계에서 시작된 완전한 슬로건이었다. 안티카피라이트는 다른 이들도 똑같이 관용의 정신으로 정보를 사용할 것이라 가정했다. 하지만 기업은 카피라이트의 부재를 이용하여 이윤을 목적으로 저작물을 재배포하는 법을 배웠다.

스톨만은 1984년 카피레프트라는 아이디어를 제시했다. 이것은 자신이 (안티카피라이트와 형식적으로는 같지만, 명백한 비판의 움직임은 없는) 퍼블릭도메인에 개방했던 소프트웨어를 기업이 개선하여 소스코드를 사유화하고 새 버전의 공유를 거부한 일을 그가 겪은 후다. 그러므로 어떤 의미에서 카피레프트는 모든 권리를 포기하는 것은 부당이득자의 오용을 낳을 수 있다는 가슴 아픈 교훈을 겪은 성인을 의미한다. 카피레프트는 상호적 권리와 책임에 기초한 공유지를 창출하려고 시도한다. 공통 자원의 공유를 원하는 사람은 다른 사용자의 권리를 존중할 특정한 윤리적 의무를 가진다. 누구나 공유지에 [무언가를] 더할 수 있지만, 아무도 공유지로부터 **빼** 갈 수는 없다.

그러나 또 다른 의미에서 카피레프트는 안티카피라이트로부터의 후퇴를 의미하며 여러 모순에 시달리고 있다. 스톨만의 입장은 본래 저자를 위한 것이었던 카피라이트가 이제는 오히려 기업에게 이득을 주는 도구로 변질되었다는 널리 퍼진 합의와 일치한다. 하지만 중요한 것은 그러한 카피라이트의 황금기는 존재하지 않았다는 점이다. 카피라이트는 언제나 법적 도구였다. 카피라이트는 저자와 글을 결합함으로써 생각ideas을 자본의 소유자를 위해 이윤을 내는 상품으로 바꾸어 버렸다.

카피라이트에 대한 이러한 특유의 근시안적 사고는 경제적 문제에 대한 보다 일반적인 무관심의 일환이다. 카피레프트의 '레프트'는 경제적 특권이나 노동착취보다는 정보 접근에 대한 전체주의적 제한 및 폐쇄적이고 불투명한 시스템에 반대하는 모호한 유형의 자유지상주의와 유사하다. 카피레프트는 지식을 위한 지식의 추구와 아주 유사한 해커 윤리로부터 출현했다. 해커 윤리의 주된 목적은 '시스템'이 부과하는 제약에 맞서 정보의 자유를 지키는 것이다. 이것은 해커들 사이에서 매우 다양한 정치적 견해가 존재하는 이유를 부분적으로 설명해 준다. 또한 해커들을 서로 연결하는 공통성 – 스톨만의 카피레프트 비전에서의 '레프트' – 이 대부분의 정치 활동가들이 이해하는 바의 레프트[좌파]가 아닌 이유를 설명해 준다.

GPL과 카피레프트는 흔히 자유소프트웨어 운동의 반反상업적 성향의 사례로 언급된다. 그러나 그런 성향은 없다. 상업적 이용금지 조항과 같은 추가 제한을 둘 경우 GPL이 요구하는 네 가지 자유조항에 따라 그 저작물은 비-자유로 지정된다. 그 저작물이 자유조항의 일부를 따른다고 해도 말이다. 동일한 라이선스가 유지되고 소스코드가 투명하게 유지되는 한, 소프트웨어의 '자유' 유지는 개발자가 자신의 노동을 첨가하여 수정한 복제물을 판매하는 것을 막지 않으며 요금을 부과하는 영리 기업에 의한 재배포 또한 막지 않는다.

이러한 자유 형태는 교환을 폐지하는 것이 아니며, 일부 열렬한 자유소프트웨어 지지자들이 주장하는 것처럼 잉여가치의 도둑질에 기초한 자본주의 경제와 양립하지 못하는 것도 아니다. 이러한 공유지에 내재한 모순은 부분적으로는 소유권proprietary을 폐쇄된 소스source 즉 불투명함과 동일한 것으로 이해하는 데서 생겨난다. 소스코드를 비밀로 유지하는 것과 이윤을 추출하는 것이 실제로 보통 함께 일어남에도 '소유권'은 정보에 대한 접근을 금지하고 소스코드를 비밀로 유지하는 소유자가 있음을 의미하지 반드시 이윤을 추출하는 소유자가 있음을 의미하지 않는다. 네 가지 조건이 충족되는 한 자유소프트웨어의 상업적 재배포는 비-소유이다.

사실상 모든 사무실, 모든 학교, 모든 공장은 매일 수행하는 노동을 소프트웨어에 의지하고 있다. 이 모든 조직들에서 소프트웨어의 사용가치는 그들의 일반적인 생산과정을 통해 직접 교환가치로 전환될 수 있다. 소프트웨어를 직접 판매함으로써가 아니라, 모든 사업의 수행과 상품판매에 의해 그리고 생산성을 증대시키기 위해 소프트웨어를 사용함으로써 말이다. 소프트웨어 라이선스에 대한 지불과 그 라이선스의 제약조건에 동의하는 것은 이 조직들에게 이득이 아니다. 리카도가 지주에 대해 말했던 것에 비유하면 마이크로소프트 같은 소프트웨어 기업의 이익은 모든 소프트웨어 사용자의 이익과 언제나 적대적이다.

소프트웨어를 사용하는 조직들, 즉 학교, 공장, 사무실, 그리고 전자상거래 기업들은 마이크로소프트 같은 독점 소프트웨어를 판매하는 소수의 기업들보다 전체적으로 훨씬 더 많은 소프트웨어 개발자를 조직 내에 고용한다. 그래서 자유소프트웨어는 이 조직들에게 아주 매력적이다. 자유소프트웨어가 소프트웨어 자산의 공통재를 집합적으로 유지함으로써 조직의 개별 개발비용을 줄여주기 때문이다. 따라서 자유소프트웨어의 사용가치는 자유소프트웨어를 제작하기 위해 소프트웨어 개발자들에게—이들이 자유소프트웨어에 대한 배타적인 카피라이트를 가지고 있지 않더라도—돈을 지불할 수 있고 지불하는 조직들에 의해 높이 평가된다. 생산비용을 감축하기 위해 자유소프트웨어와 카피레프트를 지지하는 아이비엠IBM 같은 기술 공룡기업은 리카도 같은 자유자본주의자와 많은 공통점을 가진다. 예를 들어 리카도는 생산수단의 가격을 낮추어서 자본가에 비해 지주가 누렸던 특권을 극복하고자 했다.

그러나 자유소프트웨어는 그저 기업의 소프트웨어 개발비용을 줄이기 위한 방편으로 시작된 것은 아니었다. 리차드 스톨만은 자신의 기관 웹사이트에 이렇게 쓰고 있다. "자유소프트웨어를 위한 나의 노력은 이상적인 목적에서 우러나온다. 자유와 협력의 확장이 그것이다. 나는 자유소프트웨어가 협력을 막는 독점 소프트웨어를 대체하며 퍼져 나가는 데 힘을 보태고 싶고, 그래서 더 좋은 사회를 만들기를 원한다."[16] 하지만 자유소프트웨어가 직접 교환가치를 획득할 수는 없기 때문에 자유소프트웨어 생산자들은 여전히 물질적 생계를 위해 자신의 노동을 팔아야 한다. 따라서 카피레프트는 어떠한 물질적 의미에서도 "더 좋은 사회를 만들" 수 없다. 자유소프트웨어 생산자들이 창출한 교환가치의 대부분이 자기 생계를 부양할 수 있는 물질적 재산 소유자에게 포획되기 때문이다. 노동자는 카피레프트로 통상적인 생계비 이상의 부를 축적할 수 없기 때

---

16. Richard Stallman, 'Copyleft : Pragmatic Idealism', GNU Operating System, http://www.gnu.org/philosophy/pragmatic.html.

문에 카피레프트만으로는 생산적 자산 혹은 산출물의 분배를 변화시킬 수 없다. 그러므로 카피레프트는 부와 권력의 분배에 직접적인 영향력을 갖지 않는다.

모든 자유소프트웨어가 카피레프트는 아니다. 〈자유소프트웨어 재단〉의 네 가지 자유조항이 규정하는 조건에 따라 라이선스를 받은 소프트웨어는 모두 자유소프트웨어이다. 게다가 2차 저작물도 모두 이 자유조항들을 적용해야 한다면 그 소프트웨어는 카피레프트이다. 그러면 다음과 같은 질문이 제기되어야 한다. 카피레프트는 실제로 자유소프트웨어 운동에 얼마나 도움이 되는가?

1984년, 자신의 퍼블릭도메인 소프트웨어가 전유되고 사유화된, 스톨만의 생각을 바꾸어 놓은 경험 사례들에도 불구하고, 독점 재배포를 허용하는 라이선스를 계속해서 사용하는 대규모 자유소프트웨어 프로젝트, 예를 들어 다양한 BSD[17]기반 운영체제와 큰 인기를 얻고 있는 아파치 Apache와 같은 반대 사례도 아주 많이 있다. 기업은 이러한 프로젝트의 코드를 독점 어플리케이션에 이용할 수 있지만 그것은 비용이 많이 든다. 독점 어플리케이션의 개발을 주요 자유소프트웨어 프로젝트에서 분리하면 기업은 직접

---

17. [옮긴이] BSD(Berkeley Software Distribution)는 1977년 미국의 UC 버클리에서 개발한 유닉스 계열의 컴퓨터 운영 체제이다.

코드를 수정하거나 자유 배포에서 이루어진 코드 개선을 스스로 다시 해야 한다. 그리고 자신이 독점적으로 가공한 부분을 개선하는 데 있어 자유소프트웨어 커뮤니티로부터의 도움을 포기해야 한다. 이것은 기업들이 자유소프트웨어의 독점 버전 제작을 선택하기 위해서는 강한 사업상의 이유가 필요하다는 것을 의미한다. 그래서 실제로 이러한 일은 잘 일어나지 않는다. 독점 버전은 기능적으로 자유소프트웨어 버전에 금방 뒤쳐지고 그래서 시장가치를 상실하는 경향이 있기 때문이다.

자유소프트웨어 독점 사용의 가장 성공적인 사례는 애플 컴퓨터나 주니퍼 로터스Juniper routers처럼 소프트웨어가 아니라 하드웨어 판매가 주요 사업인 기업에서 나타난다. 이 두 기업 모두 BSD 기반 프로젝트에서 파생된 소프트웨어의 독점 버전을 운영한다. 애플과 주니퍼 모두 소프트웨어를 팔기 위해서가 아니라, 값비싼 하드웨어와 묶어 팔기 위해 독점 소프트웨어를 제작한다는 점을 주목할 필요가 있다. 이 점은, 사용자들이 그 소프트웨어를 값싼 하드웨어에서 실행하기 위해 합법적으로 구매하는 것을 막으려는 두 기업의 노력에서 두드러지게 나타난다. 예를 들어 애플은 지원되지 않는 컴퓨터에 맥Mac 운영체제를 설치하는 설명서를 제공하는 해킨토시

Hackintosh 프로젝트를 방해할 뿐만 아니라, 합법적으로 구매한 OS X[18]가 설치된 비-애플 하드웨어를 판매하는 기업을 상대로 소송을 제기한다.

이러한 사례는 자유에 대한 강조가 카피레프트 내에 깊숙이 자리 잡고 있음을 보여준다. 애플의 행동은 자신이 가져온 BDS 기반 자유소프트웨어 프로젝트를 위협하지 않았다. 사실 애플은 이러한 프로젝트에 기여해 왔다. 그러나 애플은 BSD-형식 라이선스의 조건에 따라 사용자를 통제할 수 있고 사용자들이 합법적으로 구매한 소프트웨어를 원하는 대로 사용할 수 없도록 제한할 수 있다. 애플의 운영체제가 GPL로 공개된 리눅스Linux처럼 카피레프트 라이선스가 적용된 소프트웨어에 기반하고 있다면 애플은 그런 선택권을 가질 수 없었을 것이다.

어떤 면에서 카피레프트가 안티카피라이트의 이념적 입장으로부터의 후퇴인 것처럼, 카피레프트의 정치적 입장은 사회주의 좌파의 이념적 입장으로부터의 아주 큰 후퇴이다. 카피레프트는 소유권에 맞선 좌파의 주장을 전유할 때도 그 비판을 협소한 비물질적 소유권의 영역으로 제한한다. 특히 수치스러운 사례는 에벤 모글렌Eben Moglen의

---

18. [옮긴이] 애플 컴퓨터 맥(Mac)의 운영체제.

『닷 코뮤니스트 선언』*dot Communist Manifesto*이다.[19] 맑스와 엥겔스의 중대한 선언을 모욕적으로 모방한 이 선언은 자본주의의 폐지를 위해 단결하는 노동계급을 위한 1848년의 무장 요구를 들먹이면서 대신 지적재산권의 폐지만을 요구할 뿐이다. 이 두 명의 19세기 유물론자[맑스와 엥겔스]는 지적재산권 폐지가 노동계급을 속박으로부터 자유롭게 해 주지 못할 것이라고 여겼을 것이다. 콜롬비아 대학 법학 교수이자 스톨만의 〈자유소프트웨어 재단〉 자문대표인 모글렌은 소유권 제도 그 자체의 문제와 싸우는 데 실패하며, 따라서 그가 잘난 체하며 흉내 내는 혁명가들의 입장으로부터 아무것도 배우지 못했다.

하지만 카피레프트가 보여준 이념적, 정치적 후퇴에도 불구하고 소프트웨어 개발 영역에서 카피레프트는 정보 공유지에 의존하여 생산하는 모두에게 폭넓게 혜택을 주는 매우 효과적인 정보 공유지 창출 수단이라는 것이 입증되었다. 실제로 자유소프트웨어 운동의 성장은 보다 공정한 생산형식을 위해 노력하는 모두에게 틀림없이 영감을 준다.

사회주의 좌파는 부가 그것을 생산하는 사람들에 의

---

19. 에벤 모글렌의 『닷 코뮤니스트 선언』은 다음 주소에서 볼 수 있다. http://emoglen.law.columbia.edu/my_pubs/dcm.html

해 좀 더 공정하고 공평하게 공유되고 통제되어야 한다는 생각을 고취한다. 아마도 이것을 이루는 가장 좋은 방법은 분산되어 있는 노동자 소유 기업들, 협동조합들, 평의회들을 통하는 것이다. 자유소프트웨어가 생산에 이용할 수 있는 사용가치의 공통재를 의미하기 때문에, 자본주의적 조직들이 자유소프트웨어를 지원하는 것과 동일한 이유로 공유지 기반 생산자들, 그러므로 모든 노동자들의 자기조직화 기업들도 그러한 카피레프트 소프트웨어의 공통재로부터 이득을 얻을 수 있고 자신의 집합적 기업에 소프트웨어 개발자들을 끌어들일 수 있다.

그러므로 자유소프트웨어는 노동자들의 자기조직화 생산에 있어 소중하며 우리에게 가치 있는 자본의 원천을 제공한다. 예전에는 독점 기업이 배타적으로 통제했을 소프트웨어가 우리에게 노동 생산물의 더 큰 몫을 보유할 수 있는 가능성을 준다. 어쩌면 노동 생산물의 더 큰 몫을 보유하는 것만큼이나 중요한 것은 소프트웨어 커뮤니티 개척자들이 협력하여 대규모의 분산된 프로젝트를 조직했던 방식이다. 그들은 가치 있는 소프트웨어의 개발을 위해 일하는, 전 세계에 널리 퍼져 있는 기여자들을 서로 연결시켰다. 이러한 방법으로 자유소프트웨어 운동은 〈세계산업노동자연맹〉의 역사적 이상, 즉 "낡은 것의 껍질 안에서 새로

운 사회의 구조를 산업적으로 조직 [및] 형성하기"라는 목적에 중요한 공헌을 한다.[20]

자유문화는 자유사회를 요구한다 : 카피파레프트

가치 있는 소프트웨어의 공통재 형성에 있어 카피레프트의 유익한 역할에도 불구하고 그 모델이 지적재산권 반대의 발원지인 예술 및 문화 영역에 다시 적용되면 여전히 문제로 남는다. 문화 저작물은 소프트웨어와 달리 생산에 사용되는 도구, 즉 생산재가 아니라 소비재이다. 앞서 이야기한 것처럼 생산재는 이윤을 위해 판매되는 소비재를 생산하기 위해 필요한 도구와 장비처럼 생산에 사용되는 자산이다. 자본 수요는 소비자 수요와 다르다. 자본 수요는 생산재에 대한 수요이고 소비자 수요는 소비재에 대한 수요이다. 자본주의에서는 소비재의 유통을 통제하여 이윤이 만들어지기 때문에 자본재 생산에서 이윤이 만들어질 필요가 없다. 따라서 자본비용을 감소시키는 것은 무엇이

---

20. Industrial Workers of the World, 'Preamble to the IWW Constitution'. Industrial Workers of the World : A Union for All Workers, http://www. iww.org/culture/official/preamble.shtml.

든 상품 판매를 통해 포획될 수 있는 잠재적 이윤을 증가시킨다. 자본 수요와 소비자 수요 간의 차이를 이해하지 못하는 것은 자유소프트웨어의 성공이 자유문화를 위한 본보기일 수 있다는 신화를 널리 퍼뜨린다. 자본주의 하에서는 오직 자본만이 자유로울 수 있다. 이것이 바로 소프트웨어가 자유로울 수 있는 이유이지만 문화는 보다 근본적인 사회 변화 없이는 자유로울 수 없다.

대부분의 경우 예술은 소프트웨어와는 달리 생산으로의 공통적인 투입이 아니다. 그래서 예술에 대한 수요는 자본 수요가 아니라 소비자 수요이다. 음향효과, 클립아트clip art, 음악클립music clips 등과 같이 생산적 투입으로 간주될 수 있는 예술품의 특정한 사례들이 있고 예전 작품에 의존하는 예술가의 전통은 앞서 상세히 검토되었다. 그러나 우리가 시, 소설, 영화 또는 음악 같은 콘텐츠 기반 저작물뿐 아니라 게임 같은 오락중심 소프트웨어의 경제학을 논의할 때도 우리는 생산재가 아니라 소비재에 대해 이야기한다. 자본주의적 출판사와 엔터테인먼트 대기업은 생산에 이용하기 위해서 카피레프트 소프트웨어의 제작을 지원할 것이다. 하지만 대부분의 경우 카피레프트 예술의 제작은 지원하지 않을 것이다. 그 이유는 예술이 소비재이기 때문이며, 자본주의적 출판사와 엔터테인먼트 대기업은 소비재를 무상으로 제공하는 사업이 아니라 소비재의 유통을 통제하여 이윤을 획득하는 사업에 속하기 때문이다.

모든 복제가능한 정보처럼 콘텐츠 기반 저작물은 직접적인 교환가치를 갖지 않는다. 소프트웨어와 달리 콘텐츠 기반 저작물은 생산과정에서의 사용가치도 거의 갖지 않는다. 사용가치는 오로지 이 저작물[작품]의 팬들 사이에서만 존재한다. 소유자가 이 팬들에게 복제권에 대한 요금을 청구할 수 없다면 소유자가 왜 그 생산에 투자하겠는가? 그리고 소유자가 자유롭게 배포되는 카피레프트 예술을 지원하지 않는데 누가 지원할 것인가? 그 답은 불확실하다. 어떤 경우에는 사적 및 공적 문화기금 같은 제도가 그럴 수 있다. 하지만 이 기금은 소수의 예술가만 지원할 수 있으며 모호하고, 근본적으로는 다소 자의적인 선정기준을 사용하여 누가 그 기금을 받고, 받지 않을 것인지를 결정한다.

카피레프트를 문화저작물에 바꾸어 적용하고자 할 때의 문제는 분명하다. 누군가 카피레프트 라이선스로 소설을 공개하면 랜덤하우스[21]가 그것을 출간하여 수익을 얻

---

21. [옮긴이] 랜덤하우스(Random House)는 1925년 미국에서 설립된 세계 최대의 단행본 출판사이다.

는다. 랜덤하우스는 카피레프트를 동일하게 적용하는 이상 카피레프트를 어긴 것이 아니다. '자유롭다'는 것은 상업적 전유에 열려 있다는 것을 의미한다. 카피레프트 조건에서 자유는 착취로부터의 자유보다는 제한 없는 정보 순환[유통]으로 정의되기 때문이다. 예술품, 음악, 글의 생산에 카피레프트를 적용하는 데 있어 주요 개정사항이, 복제, 수정, 재배포를 비상업적 이용인 경우에 한해 허용하는 것이었다는 점은 놀라운 일이 아니다.

이탈리아의 반-지적재산권 작가 그룹, 〈우밍〉Wu Ming은 문화노동자에 대한 기생적 착취를 막기 위해서 상업적 이용, 즉 이윤을 위한 이용에 제한을 가하는 것이 필수적이라고 주장한다. 이들은 착취에 맞선 투쟁과 공정한 노동 보수를 위한 싸움이 좌파 역사의 주춧돌이라는 이유로 이 제한을, 그리고 카피레프트의 GPL 버전과 이 제한의 차이를 정당화한다. 예를 들어 버소Verso 같은 출판사와 다른 콘텐츠 기업은 복제, 수정, 재배포는 비영리로, 또한 원본의 정신으로 이루어져야 한다고 주장함으로써 이 제한을 확대해 왔다. [그러나] 이 '정신'이 무엇을 의미하는지는 설명하지 않았다.

〈인디미디어 루마니아〉Indymedia Romania는 신파시스트neo-fascist 사이트 〈알터미디어 루마니아〉Altermedia Romania와 여러 문제를 반복해서 겪은 끝에, 카피레프트 정의를 수정하여 '원본의 정신으로'의 의미를 좀 더 분명히 했다. 〈알터미디어 루마니아〉의 '장난'은 인디미디어 도메인indymedia.ro을 하이재킹[22]하는 것에서부터 인디미디어의 글을 복사한 뒤 이름과 출처를 속이는 것까지 다양했다. 〈인디미디어 루마니아〉는 투명성 요구에 반하기 때문에 원본 이름이나 소스의 수정을 금지하고, 관용의 정신을 악용하기 때문에 이윤을 위한 저작물의 복제를 금지하며, 평등서약에 위배되기 때문에 국적, 인종, 젠더 또는 섹슈얼리티에 따라 개인이나 그룹을 차별하여 권리를 침해하는 맥락에서의 저작물 복제를 금지한다.

다른 카피레프트 버전은 카피레프트의 '레프트'에 대한 더욱 강한 해석에 근거하여, 즉 제한으로부터의 부정적 자유가 아니라 이윤을 초월한 사회적 협력의 가치화, 비위계적 참여, 비차별 같은 긍정적 원리에 입각해서 제한을 더 추가하려고 시도해 왔다. 보다 제한적인 카피레프트 정의들은 정보 공유지를 수립하려 한다. 여기서 정보 공유지는 단지 정보의 자유로운 흐름에 관한 문제가 아니라 자신의 공통성을 공유된 좌파적 원칙에서 찾는 더 큰 사회 운동

---

22. [옮긴이] 도메인 하이재킹(hijacking)은 원등록자의 허락없이 도메인 네임의 등록을 변경하는 행위, 즉 해당 사이트를 무단점유하는 것을 말한다.

의 일부로 이해된다. 카피레프트는 그 다양한 변종에서 자유의 제한을 상호간 권리 및 책임의 암시로 인식하는 실용적이고 합리적인 접근을 보여준다. 이 서로 다른 제한은 이 권리와 책임이 어떤 것이어야 하는지에 대한 상이한 해석을 나타낸다. 하지만 카피라이트를 온전히 보유한 다수 예술가의 빈곤한 경제적 상태를 고려해 볼 때, 카피레프트의 비상업적 변종이 예술가의 경제적 상태를 개선할 가능성은 희박해 보인다.

예술가로서 상업적 권리 보유의 주된 이점은 기타 조건들에 따라 엔터테인먼트 산업에 저작물을 이용허락license하는 능력이다. 엔터테인먼트 산업은 상업적이기 때문에 비-상업 라이선스의 조건에 따라 [저작물에] 자유롭게 접근할 자격이 없다. 그러나 예술가는 상업적 규모로 제조하고 배포할 자원이 없다. 그래서 예술가는 그렇게 할 수 있는 자본을 가진 사람들에게 사실상 의존하며 생계비 이상의 어떤 것도 기대할 수 없다. 본질적으로 자신의 아이디어를 파는 것은 다른 노동자들이 자신의 노동을 파는 것과 같다. 본머스대학교 정보법학 교수 마틴 크레치머는 「음악가의 수입과 디지털화 : 영국과 독일의 경험적 자료에 대한 고찰」에서 이에 대해 기술하고 있다. 이 글에서 그는 "창작자가 독점에서 얻는 것은 거의 없다"고 주장한다.[23] 마찬가지로 크레치머는 자신의 2006년 연구 「카피라이트 수입에 대한 경험적 증거」에서 "비-카피라이트로부터, 심지어는 비-예술적 활동으로부터 얻는 수입이 대부분의 창작자들의 중요한 소득원이다"라고 말한다.[24] 이 연구는 깜짝 놀랄 만한 수치를 많이 담고 있다. 예를 들어 1994년 〈공연권 협회〉(영국)[25]가 카피라이트 소유자에게 분배한 사용료의 중앙값은 84파운드였다.[26]

비-상업 조건은 자유문화를 생산하는 예술가를 다른 독점 엔터테인먼트 산업에 통합시키는 방법은 제공할 수 있지만, 독점 엔터테인먼트 산업에 도전하거나 그 안에 깊이 새겨진 착취는 다루지 않는다. 비-상업 조건은 노동자

---

23. Martin Kretschmer, 'Music Artists' Earnings and Digitisation : A Review of Empirical Data from Britain and Germany', 14, Bournemouth University Eprints, http://eprints.bournemouth.ac.uk/3704/1/Birkbeck_06_04_final.pdf.

24. Martin Kretschmer, 'Empirical Evidence on Copyright Earnings', *DIME* (September, 2006) 16, http://www.dime-eu.org/files/active/0/Kretschmer.pdf.

25. [옮긴이] 〈공연권 협회〉(Performing Right Society)는 〈저작권 협회〉(Collecting Societies) 중 하나로, 음악저작물의 공연권 등에 관한 사용을 관리한다. 〈저작권 협회〉는 저작권자(카피라이트 소유자)로부터 저작물에 대한 권리를 양도받아 저작물의 라이선스(이용허락) 계약을 체결하고 사용자들로부터 사용료를 징수한 후 이를 저작권자에게 분배하는 업무를 수행한다.

26. Ibid., 10.

들의 자기조직화 생산을 옹호하는 사회주의적 좌파의 사람들에게 큰 문제가 된다. 이 조건으로 인해 비자본주의적 기업이 그러한 저작물을 복제하지 못하기 때문이다. 따라서 그러한 라이선스는 예술가의 이익뿐 아니라 노동자 모두에게 해롭다. 그 라이선스가 노동자 통제 경제의 창출이라는 사회주의 좌파의 일반적인 목적과 양립할 수 없기 때문이다.

카피레프트가 문화 생산 영역의 혁명적 도구로 탈바꿈하기 위해서는 '카피파레프트'가 되어야 한다. 그것은 생산 수단에 대한 노동자의 소유권을 주장해야 한다. 저작물 자체는 공통재의 일부이어야 하며 다른 공유지 기반 생산자들이 생산적 용도로 사용할 수 있어야 한다. 저자가 자신의 저작물로 돈을 벌 수 있는 권리를 보유하면서 다른 공유지 기반 생산자들이 그렇게 하는 것은 금지하는 한, 그 저작물은 전혀 공유지에 속한 것으로 간주될 수 없으며 사적인 저작물로 남는다. 카피파레프트 라이선스는 상업적 이용이 아니라 공유지에 기반하지 않은 사용을 제한해야 한다.

특히 카피파레프트는 노동자의 공동소유communal ownership라는 맥락에서 노동하는 사람들과 사유재산 및 임노동을 생산에 이용하는 사람들에 대해 서로 다른 규칙을 가져야 한다. 카피파레프트 라이선스는 생산자들이 자신의 노동 생산물의 가치를 자유롭게 공유하고 보유하는 것을 가능하게 해야 한다. 즉 노동자들이 자신의 노동을 공동재산mutual property에 투입하여 보수를 받을 수 있어야 하지만, 사유재산의 소유자들이 임노동을 사용하여 이윤을 획득할 수 없어야 한다.

따라서 카피파레프트 라이선스에 따라 노동자 소유의 인쇄 협동조합은 공통재를 원하는 대로 자유롭게 복제, 배포, 수정할 수 있지만 사적 소유의 출판사는 자유로운 접근이 금지될 것이다. 카피파레프트는 독점 재배포에 대한 제한에도 불구하고 이러한 방식으로 카피레프트와 동일한 의미에서 자유를 여전히 보존하고 있다. 카피파레프트는 공유지에서의 공제만을 금지하며 기여는 금지하지 않는다.

카피파레프트 라이선스는 공유지 기반의 상업적 이용은 허가하지만 임노동을 착취하여 이윤을 얻는 것은 금지한다. 카피레프트 비상업 접근도 이를 금지하지만 공유지 기반 상업거래 또한 금지하면서 부의 분배의 변화를 필요로 하는 임금 착취를 효과적으로 제한하지 못한다. 카피레프트는 공유지 기반 생산의 소프트웨어를 위한 탄탄한 토대를 제공한다. 카피파레프트는 문화 저작물도 독립 생산자들이 이용하는 공통재의 일부가 될 수 있는 실행 가능한 토대를 잠재적으로 제공할 수 있다. 단순히 상업적 이용의 금지가 아니라 노동자 경제의 고양만이 부의 분배를 변화시킬 수 있다.

그러나 카피파레프트가 영향력을 갖기 위해서는 문화 및 물질적 생산(예술뿐 아니라 음식 등) 같은 다양한 생산 형식을 포함하는 초기 노동자 경제의 맥락 내에서 사용되어야 할 것이다. 그러한 환경이 부재한 경우 카피레프트와 그 다양한 변종들은 대다수 예술가들, 즉 상업적 라이선스에 의한 금융 소득의 가능성이 거의 없는 이들에게 별다른 이점이 없다. 이러한 예술가들에게 안티카피라이트는 강한 매력을 갖는다. 안티카피라이트는 실용적 타협을 거부하고 지적재산권 전체를 폐지하려고 하는 급진적인 움직임이다. 안티카피라이트는 완전한 자유를 주장하며 그 욕망의 제한을 받아들이지 않는다.

카피레프트의 일부 변종들은 제한을 증대시켜 왔지만 다른 일부는 초기의 카피레프트가 부과하는 유일한 제한을 포함하여 어떠한 제한도 완전히 거부해 왔다. 그것은 안티카피라이트의 움직임과 가장 유사한 또래협력 파일 공유를 둘러싼 운동이다. 가장 좋은 사례는 〈피로트비론〉Piratbyrån(해적 사무국)의 라스무스 플리셔Rasmus Fleischer

가 운영하는 카피라이어트Copyriot 블로그이다. 〈피로트비론〉은 반反지적재산권 싱크탱크이며, 또래협력 커뮤니티에서 가장 잘 알려진 비트토렌트27 사이트, 파이러트 베이28의 예전 설립자이다. 카피라이어트의 모토는 "카피라이트 반대. 라이선스 반대"No copyright. No license이다. 하지만 더 오래된 안티카피라이트 전통과는 차이가 있다. 플리셔는 카피라이트가 디지털 기술 시대에 터무니없는 것이 되었다고 주장한다. 카피라이트가 수평적인 또래협력 커뮤니케이션에서는 사실상 존재하지 않는, 업로드와 다운로드 혹은 생산자와 소비자의 구별 같은 모든 종류의 허구에 호소해야 하기 때문이다.

〈피로트비론〉은 카피라이트 전체를 거부한다. 카피라이트가 그 시작에서 결함이 있었기 때문이 아니라 인쇄기와 같은 값비싼 일방향 기계를 통제하기 위해 발명되었고 더 이상 현재의 복제 기술이 가능하게 만든 실천들에 부합하지 않기 때문이다. 그러나 카피라이트가 의지하고 있는

---

27. [옮긴이] 비트토렌트(Bittorent)는 인터넷을 통한 또래협력 파일 공유를 지원하는 프로토콜이다.

28. [옮긴이] 파이러트 베이(Pirate Bay)는 비트토렌트 프로토콜을 사용한 또래협력 파일 공유를 가능하게 하는 토렌트 파일 및 마그넷 주소(magnet links)를 제공하는 웹사이트(https://thepiratebay.se/)이다. 2009년 파이러트 베이의 설립자들은 저작권의 보호를 받는 파일의 불법 다운로드를 조장한 혐의로 기소되어 스웨덴에서 재판에 회부되었다.

불합리한 허구에도 불구하고 더 폭넓은 정치적 맥락은 카피레프트 기반 모델들도 중요한 역할을 맡고 있음을 시사한다. 실질적인 사항들을 고려할 때 법적 환경에 대한 전면적인 거부가 늘 가능한 것은 아니다. 대안적인 생산과 공유의 방식을 구축하는 것, 즉 "낡은 것의 껍질 안에서 새로운 사회를 구축하는 것"은 우리에게 포획과 착취의 논리가 깊이 새겨진 자본주의적 법체계 내에서 행동할 것을 요구한다. 저항적 움직임을 위한 공간이 존재하더라도 우리는 공유지의 구축과 확장을 위해 요구되는 형식과 구조를 찾는 일 또한 해야 한다. 카피레프트와 카피파레프트의 그러한 제한들이 공유지를 보호하고 자유롭게 유지하는 데 기여하는 것은 분명해 보인다.

카피라이트가 계속해서 존재하는 한 카피레프트 기반 라이선스들은 카피라이트 체제 내에서 지적 자유를 위해 계속해서 필요할 것이다. 노동자들이 계급 없는 사회의 창출이라는 자신들의 역사적 소명을 이룰 때만이 우리는 제한 없는 진정한 자유문화를 창조할 수 있다.

또래생산 라이선스

카피파레프트의 모델

존 매갸르와 드미트리 클라이너가 만든 아래의 '또래생산 라이선스',
카피파레프트 라이선스의 모델은 '원작자표시―비영리―동일조건변경허락'
크리에이티브 커먼즈 라이선스를 각색한 것이다.

http://creativecommons.org/licenses/by-nc-sa/3.0/

라이선스

저작물(아래에서 정의됨)은 본 카피파레프트 공중라이선스(이하 "라이선스")의 조건에 따라 제공됩니다. 저작물은 카피라이트 및 기타 모든 관련법에 의하여 보호됩니다. 본 라이선스 또는 카피라이트법에 따라 허용된 것 이외의 저작물 이용은 금지됩니다.

귀하는 본 라이선스에 따라 제공된 저작물을 이용하기 위한 권리를 행사함으로써, 본 라이선스의 조건에 동의한 것이 됩니다. 본 라이선스가 계약으로 간주될 수 있는 한도에서, 귀하가 본 라이선스의 조건을 수용하고 동의하는 것을 조건으로 하여, 이용허락자licensor는 본 라이선스에 포함된 권리를 부여합니다.

1. 정의

a. **"각색물"**은 번역물·각색물·2차 저작물·음악 편곡물 또는 문학·예술저작물이나 음반·공연의 기타 개작물과 같은, 저작물 또는 저작물 및 다른 기존 저작물을 바탕으로 한 저작물을 의미합니다. 그리고 영상 각색물 또는 저작물이 재구성·변형 또는 원본에서 식별가능하게 파생된 개작의 여타 모든 형식을 포함합니다. 그러나 수집물을 구성하는 저작물은 본 라이선스의 취지에 따라 각색물로 간주되지 않습니다. 명확히 하면, 음악저작물, 공연, 음반의 경우, 영상과 관련된 저작물과의 시간적 동기화("싱크"synching)는 본 라이선스의 취지에 따라 각색물로 간주됩니다.

b. **"수집물"**은 백과사전·선집 같은 문학·예술 저작물 또는는 공연·음반·방송 또는 아래의 제1조(f)에 열거된 저작물 이외의 다른 저작물이나 객체의 수집물을 의미하는 것으로, 내용의 선택과 배열로 인하여 지적 창작물이 되고, 저작물은 하나 또는 그 이상의 다른 저작물과 함께 수정되지 않은 형식 그대로 포함되며, 개별 저작물은 그 자체로 독립된 저작물이 되고, 함께 모여 전체 수집물을 이룹니다. 수집물을 구성하는 저작물은 본 라이선스의 취지에 따라

(위에서 정의된) 각색물로 간주되지 않습니다.

c. "배포"는 저작물 혹은 각색물의 원본과 사본을 공중이 이용할 수 있도록 적절한 방법으로 판매, 증여 또는 기타 다른 방법으로 점유나 소유를 이전하는 것을 말합니다.

d. "이용허락자"Licensor는 본 라이선스의 조건에 따라 저작물을 제공하는 개인, 개인들, 단체, 단체들을 의미합니다.

e. "원저작자"는 문학·예술 저작물의 경우 저작물을 창작한 개인, 개인들, 단체, 단체들을 의미하며, 개인 또는 단체가 확인될 수 없는 경우 발행인을 의미합니다. 추가로 (i) 공연의 경우 배우, 가수, 연주자, 무용가와 문학·예술저작물 또는 민속표현물을 연기, 가창, 전달, 낭독, 연주, 해석 또는 달리 실연하는 그 밖의 사람. (ii) 음반의 경우 공연 음향 혹은 기타 음향을 처음 정하는 개인 혹은 법적 단체인 제작자. (iii) 방송의 경우 방송하는 기관.

f. "저작물"은 본 라이선스의 조건에 따라 제공되는 문학 그리고/또는 예술저작물을 의미합니다. 디지털 형식을 포함하여 그 표현의 형태나 형식이 어떠하든 간에, 서적·소책자

및 기타 문서, 강의·강연·설교 또는 같은 성격의 다른 저작물, 연극 또는 악극저작물, 무용저작물 또는 무언극, 가사가 있는 작곡 또는 없는 작곡, 영화와 유사한 과정으로 표현된 저작물을 포함하는 영상저작물, 소묘·회화·건축·조각·판화 또는 석판화, 사진과 유사한 과정으로 표현된 저작물을 포함하는 사진저작물, 응용미술저작물, 도해·지도·설계도·스케치 및 지리학·지형학·건축학 또는 과학에 관한 3차원 저작물, 공연, 방송, 음반, 카피라이트의 보호대상으로 보호받는 자료의 편집물, 문학 또는 예술저작물로 달리 간주되지 않는 범위에서의 버라이어티 쇼 또는 서커스 연기자가 실연하는 저작물 등 문학, 학술 및 예술 영역의 모든 제작물을 포함하지만 이에 한정되지는 않습니다.

g. "**귀하**"는 저작물에 관한 본 라이선스의 조건을 이전에 위반하지 않은 자로서 본 라이선스에 따라 권리를 행사하는 개인이나 단체, 또는 이전에 위반을 하였으나 이용허락자로부터 본 라이선스에 따라 권리를 행사하는 것을 명시적으로 허락받은 개인이나 단체를 의미합니다.

h. "**공연**"은 유무선 수단이나 디지털 공연을 포함하는 모든 수단 혹은 과정에 의해 저작물을 공개실연하는 것 그

리고 그 공개실연을 공중에게 전달하는 것을 의미합니다. 즉 공중 구성원들이 개별적으로 선택한 장소로부터 그리고 그 장소에서 접근할 수 있는 그러한 방식으로 공개된 저작물을 이용할 수 있게 하는 것, 디지털 공연을 포함하여, 모든 수단 혹은 과정에 의해 저작물을 공중에게 공연하는 것 그리고 그 공연을 공중에게 전달하는 것, 기호, 음향, 영상을 포함하는 모든 수단으로 저작물을 방송하는 것 그리고 재방송하는 것을 말합니다.

i. "복제"는 녹음 또는 녹화를 포함한 모든 수단으로 저작물의 복제물을 제작하는 것, 그리고 보호받는 공연이나 음반을 디지털 형식 또는 다른 전자 매체에 저장하는 것을 포함한, 저작물의 고정물의 복제 및 고정의 권리를 의미합니다.

2. 공정처리권[1]

본 라이선스는 카피라이트의 구속을 받지 않는 어떤

---

1. [옮긴이] 공정처리(fair dealing)란 일정한 목적의 저작물 사용에 있어 카피라이트 보호의 예외나 제한을 말한다.

이용도, 또는 카피라이트법이나 기타 관련법에 따라 카피라이트 보호와 관련하여 규정된 카피라이트의 제한이나 예외에 따른 어떤 권리도 축소, 제한, 금지하지 않습니다.

3. 라이선스 부여

본 라이선스의 조건에 따라, 이용허락자는 다음과 같이 (카피라이트의 존속기간 동안) 귀하가 저작물을 이용하도록 저작물의 전세계적, 무상, 비배타적, 영구적인 이용을 허락합니다.

a. 저작물의 복제, 하나 또는 그 이상의 수집물에 저작물을 포함시키는 것. 수집물에 포함된 저작물의 복제

b. 모든 매체에서의 모든 변형을 포함하는 그러한 모든 각색이 원저작물에서 이루어졌음을 명시적으로 표기, 구별 또는 다른 방식으로 알아볼 수 있게 하는 합리적인 조치를 제공하는 각색물의 창조 및 복제. 예를 들어, 번역은 "원저작물이 영어에서 스페인어로 번역되었습니다"와 같이 표기될 수 있으며, 수정의 경우 "원저작물은 수정되었습니

다"와 같이 표시할 수 있습니다.

　c. 저작물(수집물에 포함된 저작물 포함)의 배포 및 공연

　d. 각색물의 배포 및 공연. 본 이용허락에 따라 저작물을 이용할 수 있는 위 권리들은 현재 알려져 있거나 장래 개발되는 모든 매체 및 형식으로 행하여질 수 있습니다. 이러한 권리에는 저작물을 각기 다른 매체 및 형식으로 이용하기 위하여 기술적으로 수정하는 것도 포함됩니다. 제8조(f)에 따라 이용허락자가 명시적으로 허락하지 않은 모든 권리는 이용허락자에게 유보됩니다. 여기에는 제4조(f)에서 제시되는 권리들이 포함되지만 그것에 한정되는 것은 아닙니다.

4. 라이선스의 제한

　제3조에 의해 부여된 라이선스는 다음의 사항에 의하여 명시적으로 제한을 받습니다.

a. 귀하는 본 라이선스의 조건에 따라서만 저작물을 배포 또는 공연할 수 있습니다. 귀하가 배포 또는 공연하는 모든 저작물의 복제물에 본 라이선스의 복제물이나 이에 대한 통일자원식별부호Uniform Resource Identifier, URI를 포함시켜야 합니다. 귀하는 본 라이선스의 조건을 제한하거나 상대방에 의한 본 라이선스 상의 권리행사를 제한하는 조건을 제공하거나 부과할 수 없습니다. 귀하는 귀하가 이용허락받은 저작물을 다시 이용허락할 수 없습니다. 귀하는, 귀하가 배포하거나 공연하는 모든 저작물의 복제물에 본 라이선스 및 보증의 부인에 대한 모든 표시를 온전히 유지해야 합니다. 귀하가 저작물을 배포하거나 공연하는 경우, 상대방에 의한 본 라이선스 상의 권리 행사를 제한하는 어떠한 실질적인 기술적 조치도 저작물에 부과해서는 안 됩니다. 이 제4조(a)는 수집물에 포함된 저작물에도 적용되지만, 수집물이 그 저작물과는 별개로 본 라이선스의 조건에 제한받는 것은 아닙니다. 만약 귀하가 수집물을 제작한다면 이용허락자의 통지가 있는 경우, 귀하는 실행 가능한 한도 내에서 이용허락자가 통지로 요청한 바에 따라, 제4조(d)에서 요구하는 바와 같이 수집물에서 모든 출처를 삭제하여야 합니다. 귀하가 각색물을 제작한다면 이용허락자의 통지가 있는 경우, 귀하는 실행 가능한 한도 내에

서 이용허락자가 통지로 요청한 바에 따라, 제4조(d)에서 요구하는 바와 같이 각색물에서 모든 출처를 삭제하여야 합니다.

b. 제4조(c)의 예외조항에 따라, 귀하는 상업적인 이익 또는 사적인 금전적 보상을 받는 것을 주된 목적으로 하거나 이를 얻기 위한 방식으로 제3조에 의하여 귀하에게 부여된 권리를 행사할 수 없습니다. 디지털 파일공유나 기타 방법에 의하여 저작물을 다른 저작물과 교환하는 것은 저작물의 교환과 관련하여 어떠한 금전적 보상도 이루어지지 않는다면, 상업적인 이익 또는 사적인 금전적 보상을 받는 것을 목적으로 하였거나 이를 얻기 위한 것으로 보지 않습니다.

c. 귀하는 다음과 같은 경우에만 제3조에서 부여된 권리를 상업적인 목적으로 행사할 수 있습니다.
i. 귀하가 노동자-소유 기업 혹은 노동자-소유 단체인 경우
ii. 기업 혹은 단체가 생산한 모든 금융 소득, 잉여, 이윤, 이득이 노동자-소유자에게 분배되는 경우

d. 사적으로 소유되거나 관리되는 기업 그리고 급여나 다른 임금으로 지불받는 고용인의 노동에서 이윤을 발생시키기 위해 노력하는 기업에 의한 어떠한 이용도 본 라이선스에서 허락되지 않습니다.

e. 귀하가 저작물, 각색물, 수집물을 배포 또는 공연하는 경우, 귀하는 제4조(a)에 따른 요청이 제기되지 않는 한 저작물에 대한 모든 카피라이트 표시를 훼손해서는 안 되며, 귀하가 이용하는 매체 또는 수단에 적합하게 다음의 사항을 표시하여야 합니다. (i) 원저작자의 성명(또는 이명이 있는 경우에는 이명) 그리고/또는 원저작자 그리고/또는 이용허락자가 저작자 표시("저작자 표시 당사자들")를 위해 또 다른 당사자 또는 당사자들(예를 들어, 후원기관, 발행처, 저널)을 이용허락자의 카피라이트 표시나 서비스 조건에 또는 다른 합리적인 수단으로 명시하는 경우, 그 당사자 또는 당사자들의 성명. (ii) 저작물의 제호. (iii) 합리적으로 가능한 한도에서 이용허락자가 저작물과 연관되는 것을 명기하는 경우 통일자원식별부호. 그 통일자원식별부호가 저작물에 대한 저작권 표시나 라이선스 정보와 관련되지 않는 경우에는 제외. (iv) 제3조(b)에 따라 각색물의 경우 각색물에 저작물을 이용하였다는 것(예컨대, '원저

작자의 저작물을 프랑스어로 번역한 것임' 또는 '원저작자의 원저작물에 기초한 각본임')을 보여주는 표시. 제4조(d)에 의해 요구되는 이 표시는 합리적인 모든 방법으로 가능하지만, 각색물 또는 수집물의 경우 최소한 그 표시는 각색물 또는 수집물의 모든 기여 저자들에 대한 표시가 표기되는 경우, 이 표시의 일부로서 그리고 적어도 다른 기여 저자들에 대한 표시만큼 눈에 띄게 표기되어야 합니다. 명확히 하면 귀하는 앞서 제시된 방법으로 저작자 표시를 위해 본 제4조가 요구하는 표시를 사용해야 합니다. 본 라이선스에 따라 귀하의 권리를 행사함으로써 귀하는 원저작자, 이용허락자 그리고/또는 저작자 표시 당사자들의 개별적, 명시적인 사전의 서면 허가 없이, 귀하 또는 귀하의 저작물 이용에 대한 원저작자, 이용허락자, 그리고/또는 저작자 표시 당사자들의 후원이나 추천과의 어떠한 관계도 함축적으로 또는 명시적으로 암시하거나 주장할 수 없습니다.

f. 명확히 하면,

i. 포기불가능한 강제 라이선스 제도. 모든 법정 또는 강제 라이선스 제도를 통한 사용료 징수 권리를 포기할 수 없는 사법권의 경우 이용허락자는 본 라이선스에 따라 부여된 귀하의 모든 권리 행사에 대해 사용료를 징수

할 배타적인 권리를 보유합니다.

ii. 포기가능한 강제 라이선스 제도. 모든 법정 또는 강제 라이선스 제도를 통한 사용료 징수 권리를 포기할 수 있는 사법권의 경우 귀하의 권리행사가 제4조(b)에 따라 허가된 비상업적 목적이나 이용이 아닌 경우 이용허락자는 본 라이선스에 따라 부여된 귀하의 모든 권리 행사에 대해 사용료를 징수할 배타적인 권리를 보유합니다. 그렇지 않은 경우 이용허락자는 모든 법정 또는 강제 라이선스 제도를 통한 사용료 징수 권리를 포기합니다.

iii. 자발적 라이선스 제도. 이용허락자는, 개인적으로, 또는 자발적 라이선스 제도를 집행하는 저작권 협회^{col-lecting society}의 구성원인 경우 그 협회를 통해, 제4조(b)에 따라 허가된 비상업적 목적이나 이용이 아닌, 본 라이선스에 따라 부여된 귀하의 모든 권리 행사에 대해 사용료 징수 권리를 보유합니다.

g. 이용허락자가 별도로 서면 동의하였거나 관련법에 의해 별도로 허가받은 경우를 제외하고, 귀하가 저작물을 그 자체로서 또는 각색물이나 수집물의 일부로서 복제, 배포 또는 공연하는 경우, 원저작자의 명예나 명성을 해치는

저작물의 왜곡, 훼절, 수정 또는 기타 훼손 행위를 해서는 안됩니다. 이용허락자는 본 라이선스의 제3조(b)에서 부여된 권리(각색물 제작의 권리)의 행사가 원저작자의 명예나 명성을 해치는 왜곡, 훼절, 수정 또는 기타 훼손 행위라고 간주되는 관할권들(예를 들어 일본)의 경우, 귀하가 본 라이선스의 제3조(b)에 따른 귀하의 권리(각색물 제작의 권리)를 합리적으로 행사할 수 있도록, 관련 국내법이 허락하는 최대한도 내에서 본 제4장을 적절히 포기하거나 주장하지 않는 것에 동의합니다. 그러나 다른 경우에는 그렇지 않습니다.

5. 진술, 보증 그리고 부인

당사자 간에 서면에 의하여 별도로 합의되지 않는 한 이용허락자는 저작물을 있는 그대로 제공하며 소유권, 상품성, 특정 목적 부합, 비침해, 잠재적 또는 기타 결함의 부재, 정확성, 발견가능성의 유무와 무관한 오류의 부존재에 대한 보증을 포함하지만 이에 한정되지 않는 내용에 대한 보증을 포함하여, 저작물과 관련한 일체의 명시적, 묵시적, 법률적 또는 기타의 진술이나 보증을 하지 않습니다. 일부 사법권에서는 묵시적 보증의 배제가 허락되지 않으며 그러한 경우 이러한 배제가 귀하에게 적용되지 않을 수 있습니다.

6. 책임의 제한

관련법에 의해 요구되는 경우를 제외하고 어떠한 경우에도 이용허락자는 본 라이선스나 저작물의 이용으로부터 야기되는 모든 특별, 부대적, 결과적, 징벌적 혹은 징계적 손해에 대해, 그러한 손해의 가능성을 통지 받은 경우에도 귀하에게 어떤 법적 책임도 지지 않습니다.

7. 라이선스의 종료

a. 본 라이선스 및 이에 의하여 부여되는 권리는 귀하가 본 라이선스의 조건을 위반하는 경우에 자동적으로 종료됩니다. 그러나 본 라이선스에 의하여 귀하로부터 각색물 혹은 수집물을 수령한 개인들이나 단체들에 대해서는 본 라이선스를 완전히 준수하는 한 라이선스가 종료되지 않

습니다. 제1조, 제2조, 제5조, 제6조, 제7조 및 제8조는 본 라이선스가 종료한 후에도 유효합니다.

b. 라이선스의 종료에 관한 이러한 제한이 적용되는 것을 제외하고는 본 라이선스에 의하여 허여되는 허락은 (저작물에 적용된 저작권의 존속기간 동안) 유효합니다. 그러나 이용허락자는 언제든지 본 라이선스와 다른 조건으로 저작물을 공개하거나 저작물의 배포를 중단할 수 있는 권리를 가집니다. 단 이용허락자가 이와 같은 권리를 행사하여도 본 라이선스(또는 본 라이선스의 조건에 따라 허여되었거나 허여될 것이 요구되는 기타의 라이선스)가 철회되는 것은 아니며, 본 라이선스는, 본 라이선스의 종료규정에 의하여 종료되지 않는 한 계속하여 완전히 유효합니다.

8. 기타

a. 귀하가 저작물 또는 수집물을 배포 또는 공연하는 경우에 언제든지 이용허락자는 본 라이선스에 의하여 귀하에게 허여된 라이선스와 동일한 조건에 따라 저작물에 대한 라이선스를 그 수취인에게 허여합니다.

b. 귀하가 각색물을 배포 또는 공연하는 경우에는 언제든지 이용허락자는 본 라이선스에 의하여 귀하에게 허여된 라이선스와 동일한 조건에 따라 원저작물에 대한 라이선스를 그 수취인에게 허여합니다.

c. 본 라이선스의 어떠한 규정이 관련법에 의하여 유효하지 않거나 집행할 수 없게 되는 경우 본 라이선스의 나머지 다른 조건의 유효성이나 집행가능성은 영향을 받지 않으며, 무효 및 집행할 수 없게 된 규정은 유효 및 집행 가능하도록 라이선스 당사자에 의한 별도의 조치 없이 필요한 최소한의 한도에서 개정된 것으로 해석됩니다.

d. 당사자의 서면에 의한 의사표시가 없는 한 본 라이선스의 조건 또는 규정의 적용을 포기하거나 위반행위에 대한 권리 주장을 하지 않기로 동의하였다고 간주되지 않습니다.

e. 본 라이선스는 이에 의하여 이용허락된 저작물에 관하여 당사자 간에 이루어진 모든 합의를 나타냅니다. 본 라이선스에 명시되지 않은 저작물에 관해서는 어떠한 양해나 합의, 설명도 이루어진 것이 아닙니다. 이용허락자는 귀

하가 어떠한 추가조항의 적용을 통지하여도 이에 구속받지 않습니다. 본 라이선스는 이용허락자와 귀하 상호간에 서면에 의한 합의에 의하지 않고서는 수정될 수 없습니다.

f. 본 라이선스에 따라 허여된 권리와 본 라이선스에서 언급한 보호대상은 (1979년 9월 28일에 개정된) 〈문학·예술적 저작물의 보호를 위한 베른협약〉, 1961년의 〈로마협약〉, 1996년의 〈세계지적재산권기구 저작권 조약〉, 1996년의 〈세계지적재산기구 실연 및 음반 조약〉 그리고 (1971년 7월 24일에 개정된) 〈세계저작권협약〉의 용어를 사용하여 작성되었습니다. 본 권리와 보호대상은 이러한 조약 규정의 관련 국내법에서의 이행에 상응하는 규정에 따라 본 라이선스 조건의 실행이 추구되는 관련 사법권에서 효력을 가집니다. 관련 저작권법에 따라 허여된 표준 권리 모음이 본 라이선스 하에서 허여되지 않은 추가 권리를 포함하는 경우 그러한 추가 권리는 본 라이선스에 포함되는 것으로 간주됩니다. 본 라이선스는 관련법에 따른 어떠한 권리의 라이선스도 제한하지 않습니다.

벤처 코뮤니즘과 카피파레프트

국가는 하나의 상태, 즉 사람들 사이의 특정한 관계이며 인간 행위의 양식이다. 우리는 다른 관계를 맺음으로써, 다르게 행동함으로써 국가를 파괴한다……[1]
— 구스타프 란다우어

벤처 코뮤니즘과 카피파레프트에 기반하여 계급투쟁에 접근하기를 제안하는 것은 주식회사와 채권, 임대계약, 카피라이트 라이선스, 노동생산물의 시장 교환 유지를 복합적으로 이용하는 문제 때문에 많은 혁명가들에게 충격적으로 다가올 것이다. 그러므로 벤처 코뮤니즘과 카피파레프트는 그 자체로 이상적인 목적이 아니라 계급투쟁의 수단에 불과하다는 점에 주목해야 한다. 그것은 계급투쟁에의 참여와 자본주의 시스템의 전환을 위해 요구되는 경제적 능력의 구축이라는 목적을 위해 생산을 조직하는 수단으로 의도된 것이다. 〈세계산업노동자연맹〉의 말처럼 "자본가에 맞서는 일상적인 투쟁을 위해서뿐 아니라, 자본주의가 전복되었을 때 생산활동을 이어가기 위한 것이다. 산업적 조직화를 통해 우리는 낡은 것의 껍질 안에서 새로운 사회의 구조를 형성하고 있다."

자본주의, 즉 노동자는 생계비밖에 벌지 못하지만 자

1. Gustav Landauer, *Revolution and Other Writings : A Poltiical Reader*, ed and trans. Gabriel Kuhn (Oakland : PM Press, 2010), 214.

산 소유자는 나머지 생산물 모두를 보유하는 생산양식은, 자산 소유자의 이해관계가 사회제도와 예속된 생산자들의 이해관계에 반영되는 사회를 만들어 낼 뿐이다. 벤처 코뮤니즘과 카피파레프트 모두 생산자가 공동의 부를 축적하기 위해 사용할 수 있는 생산적 공유지의 창출을 목적으로 삼으며, 따라서 경제적 계급 없는 사회의 창조라는 역사적 소명을 실현하기 위해 노력한다.

생산자들이 자본주의적 생산양식 내에서 움직이는 한 정치적으로 사회를 변화시킬 수 없다. 생산자들이 사회 제도에 영향력을 행사하기 위해 사용할 수 있는 모든 부는 그들이 보유하고 있는 생산의 몫에서 생겨나며, 따라서 그것은 소유자들이 변화를 막기 위해 사용할 수 있는 몫보다 언제나 적다. 우리가 개인적 소유자 없이 집합적으로 소유되는 생산적 자산의 공유지를 사용할 때 우리가 창출하는 부를 보유하게 될 것이고, 따라서 새로운 사회의 가능성은 우리 손 안에 있게 될 것이다.

부록

『텔레코뮤니스트 선언』의 저자,
드미트리 클라이너와의 인터뷰[1]

인터뷰 : 마크 개럿

새천년의 여명기에, 넷 사용자는 훨씬 더 효율적이고 즐겁게 함께 일하는 방식,
즉 사이버-코뮤니즘을 개발하고 있다.
— 리처드 바브룩[2]

　『텔레코뮤니스트 선언』의 저자, 드미트리 클라이너는
"인터넷의 정치경제학과 계급투쟁의 형식으로서 노동자들
의 자기조직화 생산이라는 이상을 탐구하는" 프로젝트를
진행해 온 소프트웨어 개발자이다. 구 소비에트 연방에서

---

1. [옮긴이] 이 글은 『텔레코뮤니스트 선언』의 인쇄본이 출간된 이후 2011
년 6월 9일 이루어진 인터뷰이다. 다음의 주소에서 원문을 볼 수 있다.
http://furtherfield.org/features/interviews/interview-dmytri-kleiner-
author-telekommunist-manifesto

2. Richard Barbrook, THE::CYBER.COM/MUNIST::MANIFESTO, http://
www.imaginaryfutures.net/2007/04/18/by-richard-barbrook/

태어난 드미트리는 토론토에서 자랐고 현재 베를린에 거주하고 있다. 그는 〈텔레코뮤니스트들〉의 설립자이다. 〈텔레코뮤니스트들〉은 인터넷 및 전화 서비스를 제공하며, 커뮤니케이션 기술 속에 사회관계가 새겨지는 방식을 탐구하는 데드스왑deadSwap(2009) 및 팀블Thimbl(2010) 같은 예술 프로젝트를 진행하고 있다.

〈퍼더필드〉[3]는 최근 우편으로 『텔레코뮤니스트 선언』의 인쇄본을 받았다. 책을 읽고 나니 이 책이 네트워크적, 공유지 기반의, 협력적 시도에 대해 더 많은 논쟁을 촉발하고 있다는 것은 분명했다. 이 책은 행동에 대한 요청이며, 우리의 사회적 행동양식에, 그리고 자산 및 생산수단을 가지고 일하는 방식에 도전한다. (네트워크적이고 물리적인) 위로부터의 자본주의와 크리에이티브 커먼즈를 넘어서는 대안적인 경로를 벤처 코뮤니즘이라는 〈텔레코뮤니스트들〉의 집합적 형식과 카피파레프트로 제시하면서 말이다. 많은 디지털 아트 단체들은, 권력이 아주 많은 것들

---

3. [옮긴이] 〈퍼더필드〉(Furtherfield)는 예술가 주도의 온라인 커뮤니티이자 예술 조직이다. 예술가, 이론가, 활동가로 이루어진 네트워크로 전 지구적인 참여 프로젝트를 기획하고 지원한다. 현대 예술과 디지털 기술에 대한 토론과 비평을 위한 퍼더필드 웹사이트와 전시, 워크숍 등을 진행하는 공간 두 곳을 런던에서 운영하고 있다.

을 쉽게 유용하는 세계 속에서 자신의 윤리적 의도를 지키는 방법을 발견하기 위해 노력하고 있다. 어쩌면 이 대화는 우리가 삶이라 부르는 소용돌이 속에서 어떻게 명예를 공유하는 감각을 계속 이어갈 수 있을지에 대한 답을 희미하게나마 제공할지 모른다…….

토론을 시작한다…….

마크 개럿 [이하 개럿] 왜 당신은 『선언』의 인쇄본을 제작해서 암스테르담의 〈네트워크 문화 연구소〉를 통해 재출간하고 배포하기로 했는가?

드미트리 클라이너 [이하 클라이너] 히어트 로빙크가 연락해서 출판을 제안했고 나는 그 제안을 수락했다. 긴 글은 물리적인 책으로 읽는 것이 훨씬 편리하다는 것을 알고 있기 때문이다.

개럿 『선언』은 누구를 위해 쓴 책인가?

클라이너 나는 정치적 활동에 관심이 있는 해커와 예술가들, 특히 기술 및 네트워크 문화에 참여하며 작업하는 예술가들을 나의 동료peers라고 여기고 있다.『선언』에 담긴 대부분의 주제와 생각들은 이 커뮤니티에서 진행 중인 대화에서 나온 것이다.『선언』은 이 대화에 하나의 의견으로 참여하고 있다.

개럿 인터넷[이 출현한] 이래 우리는 개별적이며 공유되는 표현들을 탐구해 온 다양한 네트워크 커뮤니티의 출현을 목격해 왔다. 페이스북Facebook이나 마이스페이스MySpace처럼 기업이 만든 대중 통제시스템과는 반대로 많은 것들이 연결되어 있다. 당신의 공유 벤처가 신자유주의적 전유에 의한 네트워크 구성물과 그것의 전례 없이 확장된 감시 전략을 통해 우리의 행동양식에 영향력을 행사하는 헤게모니를 비판하고 있는 것은 분명하다. 당신은『선언』에서 "우리는 사회를 변화시키기 위해 공유지의 영역을 적극적으로 확장해야 한다. 그래야만 독립적인 또래 커뮤니티들이 물질적으로 지속가능하며 자본주의의 침입에 저항할 수 있다."고 말했다. 당신이 "물질적으로 지속가능하다"고 보는 대안은 어떤 것인가?

클라이너 현재로선 없다. 그것은 우리가 공통적으로 보유하고 있는 것이 비물질적 부에 지나지 않고 그래서 새로운 플랫폼과 관계들의 결과로 창출된 잉여가치를 언제나 희소자원을 소유한 사람들이 포획하기 때문이다. 희소자원은 물리적인 이유로, 아니면 특허 및 상표 보호와 같이 법에 의해 희소해진다. 네트워크 커뮤니티가 지속가능하려면 개인과 네트워크의 물질적인 유지를 위해 필요한 자산을 포함하는 공유지를 갖춰야 한다. 따라서 우리는 공유지의 범위를 그러한 자산을 포함하는 것으로 확장해야 한다.

개럿 『선언』은 계급의 중요성을 둘러싼 논쟁을 다시 열어젖히면서, "사회에서 노동계급의 상태는 주로 무력하거나 빈곤하거나 혹은 그 둘 다이다. 인터넷 노동계급의 상태도 이와 다르지 않다"고 말했다. 인터넷을 사용하는 이 노동계급에 대한 예를 들어줄 수 있는가?

클라이너 나는 노동계급에 대해 아주 고전적인 개념을 가지고 있다. 자신의 생계를 끊임없는 노동에 의지하는 사람들 누구나 노동계급이다. 계급은 하나의 관계이다. 노동자는 자신의 생존을 위해 필요한 독립적인 생산수단을 결여한, 그래서 살아남기 위해 임금이나 후원, 또는 자선을 필요로 하는 계급이다.

개럿 개인적이고 사회적인 이유로 나는 노동계급을 단순히 주변화되거나 경제적으로 불리한 처지에 있는 것으로 상정하기보다, 개별적으로 그리고 집합적으로 활력화 empowerment의 상황에 참여하고 있는 계급으로 상정하기를 희망한다.

클라이너 물론 노동계급에는 다양한 사람들이 있다. 그들의 공통점은 중요한 생산적 자산의 소유를 결여하고 있다는 것이다. 그들은 하나의 계급으로서 잉여가치를 축적할 수 없다. 보다시피 나의 계급 개념에는 새로운 것이 거의 없다.

개럿 엥겔스는 맑스 사후, 학자들에게 맑스를 상기시켰다. "모든 역사는 새로이 연구되어야 한다."[4] 현대적인 네트워크 문화에서 당신이 보기에 그러한 계급분류로부터 벗어나는 건 노동계급 개인들인가 아니면 그룹들인가?

클라이너 개인들은 언제나 자신의 계급을 초월할 수

---

4. Karl Marx, 'Marx-Engels Correspondence 1890 Engels to C. Schmidt In Berlin. London, August 5, 1890', Marx/Engels Internet Archive, http://www.marxists.org/archive/marx/works/1890/letters/90_08_05.htm.

있다. 자산 없는 개인들이 다른 영역에서 그랬던 것처럼 많은 닷컴 설립자가 수백만 달러의 "출구"를 통과했다. 광범위한 계급 이동은 거의 이루어지기 어렵다. 오늘날 가난하게 태어나면 가난하게 죽거나 자녀에게 빈곤을 물려주는 일을 피하기가 그 어느 때보다 어렵다. 이것은 전 지구적인 상황이다.

나는 계급이 폐지되지 않는 이상 계급적 상태에서 벗어날 수 있다고 생각하지 않는다. 계급적 상태가 더 이상 적용되지 않는다고 사람들을 모호한 말로 설득하는 것이 가능할지라도 말이다. 이것은 계급의식을 저하시키기 위한 우파 정치 그룹의 공통적인 전술이다. 그러나 계급적 상태는 하나의 관계이다. 다양한 역사적 조건 하에서 계급의 힘은 시간에 따라 변한다.

한 계급의 상태는 다른 계급들과의 투쟁으로 균형을 이룬 지점이다. 한 계급의 투쟁 능력이 이 균형 상태를 결정한다. 공유지는 우리의 투쟁 능력을 구성한다. 특히 공유지가 자산을 대체하면 우리는 자본주의적 소유자에게 다른 방식으로 지불하게 될 것이다. 우리가 생산을 독점 생산적 자산에 기초한 방식에서 공유지 기반 자산에 기초하는 방식으로 바꿀 수 있다면, 계급 간의 권력의 균형점을 이동시켜 우리의 계급적 상태에서 벗어나는 것이 아니라 그것을 변화시키게 될 것이다. 그러나 이 이동은 자산의 경제적 가치에 비례한다. 따라서 이 이동은 경제적 가치를 가지는 자산, 즉 지대를 획득할 수 있는 희소 자산을 포함하는 것으로 공유지를 확장하기를 요구한다.

개럿 『텔레코뮤니스트 선언』은 '벤처 코뮤니즘'을 또래 생산을 위한 새로운 실행 모델로 제안하면서 이렇게 말한다. 벤처 코뮤니즘은 "생산적 자산의 공통재를 공유하는 독립 생산자들을 위한 구조를 제공하면서, 자유소프트웨어처럼 비물질적 가치의 창출과 배타적으로 결합된 예전의 생산형식들을 물질 영역으로 확장시킨다." '벤처 자본주의'에서 '벤처 코뮤니즘'에 이르는 명백한 전유의 언어뿐 아니라 이러한 생각은 어떻게 생겨난 것인가?

클라이너 용어의 전유가 그 생각이 시작된 지점이다. 그 생각은 우리가 자유문화와 자유소프트웨어 그리고 자유 네트워크 커뮤니티에서 했었던 모든 것들이 오직 자본의 이익에 봉사할 때만 지속가능했고, 그래서 나와 다른 사람들이 그 안에서 보았던 해방의 잠재력을 우리는 가지고 있지 않았다는 깨달음에서 생겨났다. 자본주의적 금융은 오직 자본만이 자유로울 수 있음을 뜻했다. 그래서 자유소프트웨어는 성장했지만 자유문화는 공유 및 재사용에 대한 전쟁에 시달렸고, 자유 네트워크는 중앙집중화된 플랫폼과 검열 및 감시에 굴복했다. 이것이 이윤 포획의 논리와 자본의 전제 조건에서 기인했다는 것을 깨달았을 때 나는 대안이 필요하다는 것을, 즉 자유커뮤니케이션이 나를 사로잡았던 해방의 이상에 적합한 금융수단이 필요하다는 것을, 자유롭게 생겨나고 자유롭게 유지될 수 있는 커뮤니케이션 인프라를 구축하는 방식이 필요하다는 것을 깨달았다. 나는 이러한 생각을 벤처 코뮤니즘이라고 부르면서 그것이 어떻게 작동할 수 있는지 이해하려고 애쓰기 시작했다.

개럿 [그것은] 혁명적 노동자들의 투쟁에 효과적인 수단이다. 기업 형식의 '벤처 코뮌' 제안도 있다. 이것은 어떻게 작동하는가?

클라이너 벤처 코뮌은 벤처 금융처럼 작동하며 공유지 기반 벤처기업에 출자한다. 코뮌의 역할은 네트워크가 비물질 재산을 분배하는 것처럼 희소자원을 배분하는 것이다. 여기에는 채권 같은 증권화된 부채의 발행에 의한 기금과 생산적 자산이 필요하며 코뮌이 소유하는 기업들은 이것을 임대할 수 있다. 그 기업의 노동자들은 코뮌의 소유자들이며 징수된 지대는 노동자들 사이에 고르게 분배된다. 이것은 노동자들이 기업에서 받는 보수가 얼마이든 추가로 받는 것이다.

이것은 그저 개략적인 그림에 불과하다. 나는 벤처 코뮤니스트 모델이 완성되었다거나, 내가 현재 가지고 있는 생각조차도 최종적이라고 주장하는 것이 아니다. 이것은 진행중인 프로젝트이며 다른 이들의 생각과 혁신은 물론이고 현실과 부딪히면서 어떤 미래를 가지는 단계로 분명 진화할 것이다.

중요한 점은 이러한 모델이 필요하다는 것이다. 즉 내가 제안하는 세부적인 실행사항은…… 음, 나의 제안들이라고 볼 수 있다.

개럿 그러면, 단체 또는 협동조합은 자유소프트웨어, 자유코드free code, 카피레프트 그리고 카피파레프트 라이선스의 결합과 또래 생산을 통해서 기업의 지분과 같은 소유권을 가지는가?

클라이너 내가 현재 지지하는 모델은 한 코뮌이 각각의 독립적인 여러 기업을 소유하여, 그 코뮌이 개별 기업의 지분 전체를 소유하는 것이다. 그 기업의 노동자들은 직접 코뮌을 소유하므로 코뮌의 지분이 존재하며 각 소유자는 정확히 하나의 지분을 가진다.

개럿 『선언』의 '크리에이티브 안티-커먼즈'라는 제목의 절에서 크리에이티브 커먼즈는 "의도적으로 오해를 불러일으키는 이름으로 자본주의적 사유화 논리"를 퍼뜨리는 안티-커먼즈[반-공유지]로 거론된다. 이것은 많은 이들에게 많은 네트워크적 행동양식들의 본성이 자유주의적인지 급진적인지에 대한 논란을 일으킨다. 나는 '사유화'privatization라는 단어의 사용이 흥미롭다. (나 자신을 포함해서) 많은 사람들이 일반적으로 사유화를 비영리기관이 정부에 의해 사적 기업으로 바뀌는 과정으로 여긴다. 정부는 그렇게 공통적으로 사용되는 공공 서비스를 해체하여 국가예산에 추가소득을 올린다. 당신은 크리에이티브 커먼즈가 이와 동일한 방식으로, 그러나 인터넷 기반의 네트워크화된 기업으로서 그렇게 작동한다고 말하는 것인가?

클라이너 『선언』의 주요 부분들은 나의 예전 글들의 혼합물이다. 이 구절도 「카피라이트, 카피레프트, 크리에이티브 안티-커먼즈」라는 제목의 긴 글에서 가져온 것이다.

이 글은 나와 조앤 리차드슨이 함께 썼고 "안나 니무스"라는 이름으로 발행되었다.

이 글에서 우리가 의미하는 바는 창조 "공유지"[크리에이티브 "커먼즈"]는 사유화되었다는 것이다. 왜냐하면 저자가 카피라이트를 보유하면서, (대부분의 경우) 비상업적 [이용] 조건으로 커뮤니티에 제공할 뿐이기 때문이다. 원저자는 특별한 권리를 갖는 반면 공유지 사용자는 제한된 권리를 갖는다. 특히 사용자들이 그 저작물을 이용해서 생계 활동을 할 수 있는 어떠한 가능성도 제거하는 방식으로 제한되어 있다. 그러므로 이것은 공유지 저작물이 아니라 사적 저작물이다. 원저자만이 그 저작물을 상업적으로 이용할 수 있는 권리를 가지고 있다.

안티카피라이트와 카피라이트 이전 문화뿐 아니라 자유소프트웨어 운동의 원리를 포함한 지적 혹은 문화 공유지에 대한 이전의 모든 구상들은 원저자에게 특별한 권리를 허가하지 않고 모두가 공통으로 사용 및 재사용할 수 있는 권리를 주장한다. [그러나] 비상업적 라이선스는 공유지라는 사고의 사유화를, 특별한 사적 권리를 가진 유일무이한 독창적 예술가라는 개념의 재도입을 나타낸다.

더구나 나는 모든 표현을 이전 인식들의 확장으로 여긴다. 그렇기 때문에 이런 방식으로 권리가 주장되는 "독창적" 사고란 [사실] 독창적인 것이 아니며, 크리에이티브 커먼즈 이용허락자들licensers이 만든 주장되는–권리rights-claimed 가 전유하는 것이다. 크리에이티브 커먼즈는 현대 문화 공유지의 개념 및 구성요소를 단순히 사유화하는 것을 넘어 유일무이한 저자를 주장한다. 또한 성장하는 저작물에 대해 유일무이한 저자권authorship을 주장함으로써 우리의 공통 문화를 식민화하며, 공통문화보다는 사실상 사적 문화의 영역을 확장시킨다.

개럿 그래서 이제 우리는 팀블Thimbl에 대해 이야기해 볼 필요가 있다. 자유로운, 오픈소스의, 분산된 마이크로블로깅 플랫폼인 팀블은 당신이 말하는 것처럼 "트위터나 아이덴티카identi.ca와 유사하지만, 핑거Finger로 불리는 사용자 정보 프로토콜을 위한 전문화된 웹 기반 클라이언트이다. 핑거 프로토콜은 원래 1970년대에 개발되었고 이처럼 이미 기존의 모든 서버 플랫폼이 지원한다." 왜 팀블을 만들었는가? 어떤 개인과 그룹이 어떻게 팀블을 사용하리라고 생각하는가?

클라이너 무엇보다 팀블은 예술작업이다.
〈텔레코뮤니스트들〉의 주요 논지는 자본은 자유롭고

분산된 플랫폼 대신 중앙집중적인 사적 소유 플랫폼에 출자한다는 것이다. 팀블은 부분적으로 트위터 같은 이른바 혁신적인 신기술의 패러디다. [1970년대에 개발된] 핑거를 사용하여 트위터와 비슷한 플랫폼을 제작함으로써, 팀블은 일부 네트워크 문화가 1970년대로 회귀하는 "상태 업데이트"status updates를 보여주며, 따라서 수백만 달러의 자본 투자와 대규모 중앙 데이터 센터는 이러한 커뮤니케이션 형식을 구현하기 위해 필요한 것이 아니라 중앙 통제와 이윤 창출을 위해 필요한 것이라는 점을 보여준다.

개럿 당신과 브라이언 위릭은 『뮤트 매거진』에 함께 쓴 「정보인클로저 2.0」에서 이렇게 말했다. "웹2.0의 임무는 인터넷의 또래협력적 양상을 파괴하는 것이다. 당신, 당신의 컴퓨터, 그리고 당신의 인터넷 접속을, 당신의 소통능력을 통제하는 중앙집중화된 서비스의 접속에 의존하게 만드는 것이다. 웹2.0은 자유로운 또래협력 시스템의 몰락이자 획일적인 온라인 서비스의 회귀이다."5 팀블은 웹2.0 기업의 지배라는 측면에서 해방을 돕는 플랫폼 형식의 사례인가?

---

5. Dmytri Kleiner & Brian Wyrickm 'InfoEnclosure-2.0', http://www.metamute.org/en/InfoEnclosure-2.0

클라이너 그렇다. 팀블은 단순한 패러디에 그치지 않는다. 팀블은 앞으로 나아가는 실행가능한 방식을 제시하며 지나치게 복잡한 "전체를 아우르는" 웹 어플리케이션을 제작하는 대신 전통적인 인터넷 플랫폼을 확장한다. 그러나 우리는 왜 이러한 방식이 좀 더 흔하게 취해지지 않는지에 대해서도 논의한다. "가장 중요한 도전은 기술적인 것이 아니라 정치적인 것"이기 때문이다. 개발자로 살아가기 위해 우리는 고용주에게 봉사해야 한다. 고용주는 자본의 지원을 받는 경우가 많고 그래서 주로 사용자 데이터와 상호작용을 통제하는 일에 관심이 많다. 무엇보다 그런 통제가 자본 취득의 전제조건이기 때문이다.

팀블이 실행가능한 플랫폼이 되려면 대규모 커뮤니티가 팀블을 선택해야 할 것이다. 규모가 작은 우리 단체[〈텔레코뮤니스트들〉]은 어느 정도의 프로젝트만 할 수 있을 뿐이다. 우리는 참여에 관심 있는 누구에게나 기꺼이 조언한다. http://thimbl.tk는 우리의 팀블 사례이다. 내가 생각하기에 이것은 거의 모든 사용자들을 "알고 있다." 나는 내가 아는 한 현재 모든 팀블 사용자를 개인적으로 팔로우하고 있기 때문이다. 이와 같이 당신은 전 지구적 타임라인에서 팀블권역timblsphere의 상태를 볼 수 있다.

팀블 같은 플랫폼의 개발이 (짧은 시간 안에 아주 많은 성취를 이루었지만) 아주 큰 의미를 가지진 않는다 해도, 사회적 플랫폼의 가치는 물론 사용자 기반의 규모로부터 나오기 때문에 〈텔레코뮤니스트들〉보다 더 영향력 있는 조직이 팀블이 예술작업을 넘어 하나의 플랫폼이 될 수 있도록 그것을 수용하고 그것에 기여할 필요가 있다.

물론 팀블 웹사이트에서 말하는 것처럼 "팀블의 아이디어는 팀블 그 자체보다 더 중요하다." 또 다른 자유롭고 개방된 플랫폼이 전통적인 인터넷 프로토콜이 출현하는 곳 — 사람들은 핑거 대신 smtp/nntp, xmpp 심지어 http/WebDav[6]의 사용을 제안했는데, 각각의 접근방법은 어느 정도의 장단점을 가지고 있다 — 을 확장한다면 우리는 마찬가지로 기뻐할 것이다. 우리의 관심사는 자유롭고 개방된 플랫폼의 개발이다. 그것이 작동하고 있긴 하지만 말이다. 팀블은 이러한 일에 예술적, 기술적, 개념적으로 기여하고 있다.

---

6. [옮긴이] SMTP(Simple Mail Transfer Protocol)는 전자우편을 보내고 받는 데 사용되는 TCP/IP 프로토콜이며, NNTP(Network News Transfer Protocol)는 유즈넷 뉴스그룹 상에 올려진 글들을 관리하기 위해 컴퓨터들에 의해 사용되는 주된 프로토콜이다. XMPP(Extensible Messaging and Presence Protocol)는 인스턴트 메신저를 위한 프로토콜로 누구든지 자신만의 XMPP 서버를 구동할 수 있으며 중앙 마스터 서버는 존재하지 않는다. WebDAV(Web Distributed Authoring and Versioning)는 하이퍼텍스트 전송 프로토콜(HTTP)의 확장으로, 월드와이드웹 서버에 저장된 문서와 파일을 편집하고 관리하는 사용자들 사이에 협업을 손쉽게 만들어 준다.

개럿 또 다른 프로젝트는 〈텔레코뮤니스트들〉 페이스북 페이지[7]이다. 당신은 그 페이지에서 거의 3천 명의 팬을 보유하고 있다. 이것은 많은 독립적인 것들이 직면한 복잡성과 모순을 드러낸다. 작은 자영업체와 독립적인 구역들이 밀려나고 대형 마트가 지배하는 동네처럼 일련의 주요 허브들이 현재 인터넷을 통제하는 것처럼 보인다. 이러한 점을 염두에 두었을 때 당신은 이러한 모순들을 어떻게 상대하고 있는가?

클라이너 나는 1990년대부터 계속해서 이메일, 유즈넷, 인터넷중계채팅을 사용하면서 꽤 오랫동안 페이스북이나 다른 유사한 것을 사용하지 않았다. 「정보인클로저 2.0」을 함께 썼을 때도 여전히 나는 그러한 플랫폼을 사용하지 않았다. 그러나 사람들이 이러한 플랫폼을 받아들일 뿐 아니라 사람들의 정보 수집에 대한 선호를 키워가고 있다는 것은 점점 명백해졌다. 예를 들어 사람들은 이메일보다 그런 플랫폼에서 연락하게 되었다. 페이스북의 포스팅은 사람들을 사로잡는 반면 많은 사람들에게 이메일 수신은 성가신 일이 되었다. 그 이유는 이것이 그 자체로 재미있고,

---

7. [옮긴이] https://www.facebook.com/telekommunisten

자본가들이 이 플랫폼의 유용성을 개선하기 위해 수백만 달러를 쓴 반면 전통적인 인터넷 플랫폼은 1990년대와 거의 달라진 게 없기 때문이다. 더구나 내가 정보를 공유하기 위해 익숙하게 사용했던 메일링 리스트, 유즈넷 그룹 등과 같은 종류의 서비스를 전혀 사용해 본 적이 없는 많은 사람들이 소셜미디어를 사용하고 있다.

사람들에게 다가가서 정보를 나누고 싶다면 다른 사람들이 사용하고 있는 기술로 그렇게 해야 했다. 사람들이 사용하는 기술이 반드시 내가 사람들이 사용하기를 바라는 기술은 아니지만.

페이스북 및 기타 다른 사이트에 대한 나의 비판은 그 사이트들이 유용하지 않다는 것이 아니라 그 사이트들이 사적이고 중앙집중적이며 독점적인 플랫폼이라는 점이다. 또한 나 자신의 미디어 순수성을 지키기 위해 페이스북을 단순히 거부해 버리는 일에는 흥미가 없다. 나는 자본주의를 소비자 선택의 [문제로] 바라보지 않으며 나 자신의 올바른 소비보다는 대중의 상태에 더 관심이 있다. 결국 오늘날 페이스북 같은 플랫폼에 대한 비판이 이러한 플랫폼의 사용을 의미한다는 것은 명백하다. 그래서 나는 [페이스북에] 가입했고 〈텔레코뮤니스트들〉 페이지를 만들었다. 당연히 이것은 우리에게 아주 성공적이었고 웹사이트, 메일링 리스트 등과 같은 우리의 다른 채널보다 훨씬 더 많은 사람들에게 퍼져 있다. 바라건대 그 페이지는 또한 우리가 새로운 분산된 채널을 홍보하고 그것이 실행가능하도록 되는데 도움을 줄 것이다.

개럿 그래서 나는 연구하고 사용할 생각으로 데드스왑http://deadSwap.net을 내려받았다. 그 사이트는 이렇게 이야기한다. "인터넷은 죽었다. 자본주의적 통제의 날개 달린 원숭이로부터 벗어나기 위해 또래 커뮤니케이션은 인터넷을 버리고 비밀작전을 위한 어두운 골목을 택할 수밖에 없다. 또래협력은 지금 오프라인으로 내몰리고 있고 비밀조직으로 살아남을 수 있을 뿐이다." 이 프로젝트를 설명해줄 수 있는가? 사람들은 우리가 말한 대로 그것을 사용하고 있는가?

클라이너 사람들의 사용에 대해서는 아는 바가 없다. 나는 현재 네트워크를 운영하고 있지 않기 때문이다.

데드스왑은 팀블처럼 예술작업이다. 그 안에 실행가능한 플랫폼의 씨앗을 가지고 있는 팀블과는 다르게, 데드스왑은 순수한 패러디이다.

데드스왑은 오르후스 대학교에서 열린 2009 역감시

sousveillance 컨퍼런스, 〈역감시의 기술〉The Art of Inverse Surveil-
lance을 위해 개발되었다. 데드스왑은 디스토피아적 도시
게임이다. 참여자들은 첩보원이 되어 유에스비usb 메모리
스틱을 비밀장소에 숨기거나 은밀히 교환하여 정보를 공유
하고, 익명처리된 문자 메시지 게이트웨이SMS gateway를 통
해 소통한다. 이것은 인터넷 인클로저에 대한 "해커 엘리트"
의 반응에 대한 패러디이다. 즉 새로운 비밀 기술이 인터넷
을 감시하기 위한 시도를 좌절시킬 것이고, 우리는 비밀 기
술로 우리의 커뮤니케이션 시스템을 소유하고 통제하는 이
들을 간단히 앞지르고 압도할 수 있다는 사고의 주창에
대한 패러디이다. 이러한 접근법은 보통 어떠한 계급 분석
도 즉각 거부하면서 국가와 기업의 억압을 극복하는 해커
의 힘을 굳게 믿는다. 데드스왑은 이론적으로는 아주 단순
하지만 실제로는 매우 사용하기 어렵다. 안내책자가 말하
는 것처럼 "네트워크의 성공은 참여자들의 역량과 근면함
에 달려" 있으며 "수퍼 스파이가 되는 것은 쉽지 않다."

개럿 〈텔레코뮤니스트들〉이, 탐구적이며 상상력이 풍
부한 사회적 해커들이 함께하고 협력하기 위해 제공하는
다른 서비스/플랫폼/프로젝트에는 어떤 것이 있는가?

클라이너 우리는 개인 및 소규모 조직들, 특히 예술가들이 사용하는 호스팅 서비스http://trick.ca와 전자 뉴스레터 호스팅http://freshsent.info, 장거리 전화 서비스http://www.dialstation.com를 제공한다. 보통 인터넷중계채팅의 프리노드freenode#telnik 채널에서 우리를 찾을 수 있다. 팀블은 아마도 우리의 주요 초점이 될 것이다. 이 프로젝트에 함께하고 싶은 사람은 누구나 기꺼이 환영한다. 이를 관리하기 위한 커뮤니티 게시판이 있으며 다음의 주소에서 찾을 수 있다. http://www.thmbl.net/community.html[8]

나의 개인적인 업데이트를 받아보기 원하지만 어떤 소셜미디어도 원하지 않고 또 사용하지 않는 사람들은 거의 대부분의 업데이트를 다음의 주소에서 볼 수 있다. http://dmytri.info

개럿 아주 흥미로운 대화였다. 감사드린다.

클라이너 나도 감사드린다. :-)

---

8. [옮긴이] 이 페이지는 현재 열리지 않는다.

관련 링크

〈또래협력적 대안을 위한 재단〉은 다음의 제안들에 폭넓게 동의할 수 있는 사람들을 위한 만남의 장이 되려 한다. 이는 진행 중인 에세이 또는 책, 『또래협력과 인류의 진화』(*P2P and Human Evolution*)[9]에서도 주장하는 것이다. http://blog.p2pfoundation.net

요스트 스미르스와 마리에케 반 쉔들(Marieke van Schijndel)은 「카피라이트도 없고 문화복합기업도 없는 곳을 상상하기 ……」라는 제목의 글에서 이렇게 말한다. "일단 저작물이 발행되거나 공연되자마자, 그것을 바꿀 수 있는 권리, 다시 말해서 그것에 반응하고 그것을 재구성할 수 있는 권리를 가져야 한다. 카피라이트가 만료되기까지 아주 오랜 세월을 기다려야 하는 것이 아니라 말이다. 예술적 표현형식의 최첨단에 대한 토론을 포함하여 민주적 토론은 지금 여기에서 이루어져야 한다. 민주적 토론은 한 번도 타당성을 잃어버린 적이 없다."(Joost Smiers & Marieke van Schijndel, 'Imagine there are is no copyright and no cultural conglomorates too… Better for artists, diversity and the economy / an essay', Translation from Dutch: Rosalind Buck, Institute of Network Cultures, Amsterdam 2009, http://networkcultures.org/wpmu/theoryondemand/titles/no04-imagine-there-are-is-no-copyright-and-no-cultural-conglomorates-too/)

---

9. [옮긴이] http://www.networkcultures.org/weblog/archives/P2P_essay. pdf

카피파레프트와 그 비판[1]

스테판 메레츠[2]

작년[2007년] 6월, 『뮤트 매거진』은 카피라이트와 '급진적인' 카피레프트 대안에 대한 드미트리 클라이너의 비판을 실었다. 그는 리카도의 '임금철칙'iron law of wages[3]에 기반

---

1. [옮긴이] 이 글은 『텔레코뮤니스트 선언』이 출간되기 이전에 드미트리 클라이너가 『뮤트 매거진』에 기고한 「카피파레프트와 카피저스트라이트」에 대한 비판으로 2008년 6월 3일 『뮤트 매거진』에 게재되었다(http://www.metamute.org/editorial/articles/copyfarleft-critique). 「카피파레프트와 카피저스트라이트」는 서문에서 저자가 이야기한 것처럼 대부분의 내용이 이 책에 실려 있어 따로 옮기지 않았다.
2. [옮긴이] 스테판 메레츠(Stefan Meretz)는 베를린에 거주하는 엔지니어, 컴퓨터 과학자, 저술가이다. 주로 공유지 기반 또래생산 그리고 시장과 국가를 넘어선 자유사회의 발달에 대해 글을 쓰고 있다.
3. [옮긴이] 리카도는 노동자의 실질소득을 늘리려는 시도는 모두 무익한 것이며 임금은 필연적으로 생존수준에 가깝게 유지된다고 말했다. 임금이 상승하여 노동자의 생활이 향상되고 그에 따라 결혼, 출산이 증가하여 노동자 인구가 증가하면 수요공급 법칙에 따라 임금이 하락하고, 임금이

하여 혁신적인 프로그램을 제시한다. 그러나 맑스는 140년 전에 그러한 분석을 폐기했다고 스테판 메레츠는 주장한다. 자유오픈소스 소프트웨어FLOSS가 따라잡을 시간인가?

드미트리 클라이너의 글 「카피파레프트와 카피저스트라이트」에 대한 아래의 비판은 세 부분으로 되어 있다. 처음에는 일반적인 이론적 원리들을, 그 다음에는 정보 재화 영역에서 이러한 원리들의 전환을, 마지막에는 카피파레프트의 개념에 대해서 다룬다. 그리고 끝맺는 비판으로 마무리한다. [『뮤트 매거진』 편집자]

1. 실마리로서의 소유권?

드미트리 클라이너는 소유권 문제에 대해 전통적인 맑스주의적 접근의 극단적으로 단순화된 버전을 제시한다. 옹호할 수 있는 부분이 어느 정도 있지만 전반적으로 잘못된 주장이다. 관대하게 보면 이 단순화는 쉽게 이해할 수 있도록 하려 한 시도의 결과일 수도 있다. 그럼에도 나는

하락하면 결혼, 출산 감소에 따른 노동자 인구 감소로 다시 임금이 상승한다고 보았기 때문이다. 라쌀레는 이를 '임금철칙'이라고 명명하며 정식화했다.

다소 노골적으로 논쟁하려 한다. 클라이너의 추론은 다음과 같다.

— 소유는 자유와 대립한다 — 소유는 자산 없는 노동자와 대립한다 — 자산 소유자는 자산 없는 노동을 자신을 위한 것으로 만든다 — 자산 소유자는 노동자에게는 생계비만 지불하고 나머지를 지대로 차지한다 — 그러므로 이 지대는 생산자로부터 훔친 것이다 — 소유는 도둑질이다

여기서 '소유'는 생산수단 형식에서의 사적 소유를 뜻하며 클라이너의 글에서는 두 곳에서만 언급된다. 데이비드 리카도에 대한 긍정적인 참조는 '임금철칙' 주장을 증명하는 역할을 하지만 이를 위한 더 이상의 논거는 제시되지 않는다.

리카도는 계급으로서의 노동자에 대한 생계비 지불 비용에 상당하는 '노동의 자연가격'이 존재한다는 의미로 인용된다. 저자는 '자산 소유자'의 주머니로 들어가는 추가 소득을 '지대'rent라 부른다.

여기에는 심각한 이해 결핍이 있다. 그것에 대해 살펴보자.

'노동의 자연가격'은 없다. 리카도처럼 저자는 '자산 소유자'가 자신의 잉여를 어디에서 얻는지 설명하기 위해 그러한 구성물의 존재를 주장해야 한다. 사실상 저자는 노동

력과 노동, 가치와 가격, 지대와 이윤 사이의 차이를 이해하지 못한다. 이 세 쌍의 용어는 아래와 같이 설명된다.

1.1 노동력과 노동

'자산 소유자'는 노동('결과')이 아니라 노동력('과정')을 구매한다. 노동력은 하나의 상품이며 그 가치는 이 상품의 재생산 비용에 상당하는 화폐와 상품 — 임금과 노동력 — 의 교환을 통해 사회적으로 구성된다.

노동력 상품은 두 가지 특징을 갖는다. 첫째, 노동력의 재생산 비용은 재생산의 일반적인 사회문화적 수준에 달려 있다. 예를 들어 1백 년 전에는 없었던 컴퓨터 게임은 오늘날 노동자의 재생산 비용 중 일부를 이룬다. 이러한 사회문화적 기회는 노동력의 판매자(즉 노동자)에게 자동적으로 주어지는 게 아니라 경제적으로(집단행동) 그리고 정치적으로(조직과 제도를 통해서) — 대개 강력한 저항에 맞서서 — 강력히 주장해야 하는 것이다. 어떤 이들은 사회적 재생산의 수준을 향상시키고 지켜내기 위한 이 싸움을 계급투쟁이라고 부른다.

둘째, 상품으로 고용된 노동력만이 자신의 재생산에 필요한 것보다 더 많은 재화와 가치를 생산할 수 있다. 이러한 부분을 잉여생산물 혹은 가치 용어로 잉여가치라 부른다. 가치 용어의 사용이 더 적절하다. 왜냐하면 노동력의 판매자는 자신이 생산한 생산물을 받는 것이 아니라 성공적으로 판매된 생산물의 – 화폐로 표현된 – 가치를 받기 때문이다. 어떤 식이든 노동자는 자신의 노동의 가치가 아니라 노동력의 가치(임금)를 지불받는다는 점이 다시 한 번 강조될 필요가 있다.

노동력과 임금의 교환은 완전히 공정하다. 경제적 측면에서 보면 그것은 등가교환이다. 이것은 사회적 평균의 측면에서 보면 모든 상품 교환에 있어 언제나 유효하다. 상품 교환을 '불공정'하다고 비판하는 것은 실질적인 문제를 놓치게 된다. 드미트리 클라이너처럼 터무니없이 불평등한 자원 분배에 초점을 맞출 때에도 이러한 결론은 유효하다. 문제는 자본주의가 불공정하다는 것이 아니라 정당한 교환이 체계적으로 불평등을 생산한다는 점이다.

1.2 가치와 가격

체계적인 불평등 생산을 이해하기 위해서는 가치와 가격의 차이를 파악해야 한다. 이것은 단순하지 않다. 전통 경제학이 가치를 거의 완전히 무시하고 가격의 측면에서만 논하기 때문이다. 잘 알려진 사막의 물과 같은 시사적인 사례는 가격이 수요와 공급의 균형에서 발생한다는 생각을 매우 그럴싸하게 만든다. 이것은 완전히 그릇된 것은 아니지만 사실의 아주 작은 일부에 지나지 않는다.

가치를 이해하는 데 있어 주요 문제는 그것이 물리적이지 않으며 심지어 어떤 의미에서도 상품의 물질적 속성이나 분배 상태가 아니라는 사실이다. 가치는 관계의 표현이다. 맑스가 사용한 것처럼 기본적인 발견적heuristic 예를 들어보면 그 공식은 'x 상품 A = y 상품 B'이다. 상품 A는 자신의 가치–존재value-being를 상품 B라는 항으로 표현한다. 이 관계를 모든 상품에 적용하면 모든 상품의 가치는 서로의 항을 통해 상호간에 표현된다.

이 방정식 내에서 비교되는 것은 모든 상품에 공통적인 무엇이어야 한다. 이 공통분모는 상품을 생산하기 위해 필요한 노동력이다. 이 비교를 쉽게 하기 위해 특별한 상품이 생겨나서 이제 모든 다른 상품의 척도로 기능한다. 이것이 화폐다. 화폐 그 자체는 고유의 가치를 갖지 않지만 가치를 재현할 수 있다. 이것은 매력적이다. 화폐를 사용해서 가치, 더 정확히 말하면 가격을 지닌 모든 것을 구매할 수 있기 때문이다.

이처럼 가치란 존재하지 않으며 하나의 관계일 뿐이다. 가치가 표현되기 위해서는 상품이 필요하다. 상품은 교환을 위해 생산된 재화이다. 따라서 가치는 교환으로 실현되는 가치의 관계를 나타낸다. 그럼에도 이 가치는 교환에서 생겨나는 것이 아니라, 하나의 관계일 뿐이라 해도 이미 '거기에' 존재한다. 여기서 비교되는 것이 노동, 더 정확하게 말하면 교환되는 상품의 생산에 투입된 노동시간이기 때문이다. 교환은 이미 '거기에' 있었던 것을 실현시킬 뿐이다. 인용부호를 달아서 '거기에'라고 쓴 것은 가치가 물리적으로 존재하지 않기 때문이다. 가치는 거래하는 동안 비교를 가능하게 하는 잠재적인 형태로만 존재한다.

교환이 일어나지 않는 경우 '잠재적 가치'는 실현되지 않고 하락할 것이다. 따라서 상품에 체현된 '노동시간'은 살아남기 위해 다른 생산물에 더해져야 한다. 왜냐하면 실제로 가치는 위 사례에서 제시된 바와 같이 단순한 단일 관계이면서 사실상 일반적인 또는 사회적인 관계이기 때문이다. 요컨대 가치는 교환에서 비교되는, 생산물에 체현된 공통적인 인간 노동의 사회적 평균에 가깝다.

가치가 사회적 관계를 나타내기 때문에 아무도 거래되는 가치를 보았거나 계산한 적이 없다. 단일 거래를 위해서는 가격이 있어야 한다. 말하자면 가격은 가치의 숫자적 표현이다. 이제 여기서 수요와 공급이 작동하기 시작한다. 즉 교환상태가 된다. 가격은 가치와 다를 수 있고 대부분의 경우 그러하다. 전체 사회의 수준에서 (오늘날에는 전 지구적 수준에서) 그리고 상품 생산이 존재하는 기간 동안 (이 것이 얼마나 갈지 누가 알겠느냐만) 이 방정식, 가치의 합계＝가격의 합계는 유효할 것이다. 자, 이것은 구체적인 실행에서는 간과될 수 있다.

중요한 점은 이것이다. 가격은 자신의 기반을 가치에 두고 있고 기본적으로 가치로부터 벗어날 수 없다. 그러나 지역에 따라 그리고 시간이 흐르면서 가격은 부분적으로 가치에서 이탈할 수 있다. 이것이 사막에서는 물이 아주 비쌀 수 있지만 다른 곳에서는 공짜로 얻을 수도 있는 이유다. 그래서 주가는 일반적으로 뜬소문만으로 상승할 수 있다 (주식가격이라는 것이 미래의 가치실현을 나타내는 것이기 때문에). '위기'라고도 알려진 '디플레이션'은 가치와 가격을 다시 서로 가깝게 만든다.

전 지구적인 부의 불평등한 분배라는 수수께끼를 해결하는 것. 불평등한 분배는 '거래조건'이라고도 알려진 교환환경의 결과가 아니고, 가격 형성의 문제도, 부/정의의 문제도, 전 지구적 규제의 문제도, 정치의 문제도, 소유의 문제(나는 이후 다시 이 문제를 다룰 것이다)도 아니다. 그것은 생산성 격차의 문제이다.

앞서 나는 생산성 변수를 무시했고 그래서 이 질문도 무시했다. '단위노동시간 당 얼마나 많은 재화가 생산되는

가? 사실 교환에서 노동 시간은 생산성과 무관하게 비교되지 않는다. '1시간 x = 1시간 y'가 아니라, 예를 들어 '1시간 x = 10시간 y'가 적용된다. x와 y는 서로 다른 생산성 수준에서 소비되는 노동시간이다. 방정식 '1시간 x = 10시간 y'가 평균이고 가치 측면에서 등가이며 그래서 공정한 교환이라면, 같은 시간 동안 같은 숫자의 동일한 생산물이 (그러나 서로 다른 생산성 수준 x와 y에서) 생산될 것이고 따라서 같은 양의 노동이 생산물로 체현된다. 그러나 동일한 생산물을 교환한다는 것은 앞뒤가 맞지 않는다. 서로 다른 생산물이 교환되는 경우 그것은 물질적으로는 터무니없지만 경제적으로는 공정한 교환관계이다. 가령 '1트랙터 = 옥수수 500자루'(역사적으로, 옥수수의 양은 증가해 왔으므로)와 같은 예는 모든 교과서에 실려 있다.

1.3 지대와 이윤

드미트리 클라이너는 이 사실을 전혀 모르거나, 만약 안다면 관심이 없는 것처럼 보인다. 클라이너에게 노동시간과 노동은 동일해 보인다. 아마도 그는 평균 노동시간에 따라 공정하게 보수를 받는다는 점을 부인할 것이다. 그리고 그는 상품 생산에서 노동력의 지출을 통해 생산되는 자본의 가치 성분을 명명하기 위해 맑스가 도입한 용어인 '잉여가치'를 알지 못한다. 하지만 전통적인 맑스주의를 복원하기 위해 이 점은 명백히 할 필요가 있다.

잉여가치가 투자된 자본과 관련되는 경우에는 이윤이라 부른다. (자산 소유자에 의해 잉여가치로부터 소득으로 전유되는) 잉여가치 혹은 이윤이라는 용어 대신, 저자는 '지대'라는 용어를 사용하고 있다.

여기서 '지대'는 '타인에게 자산 사용을 허가한 대가로 얻는 경제적 수익'을 의미한다. 이 정의를 토지에 적용하면, '토지 지대'는 타당하다. [그러나] 이 정의를 노동력의 사용에 적용하고 '자산'이 생산수단을 의미한다고 가정하면, 이 정의는 타당하지 않다.

(생산수단의) '자산 소유자'는 자기 자산의 사용을 노동자에게 관대하게 허가하는 것이 아니다. 반대로 소유자는 노동력을 생산수단에 투여하기 위해 노동력 상품을 구매한다. 생산수단은 노동자가 아니라 오직 소유자의 것이므로 소유자는 (생산된 상품을 판매함으로써) 시장에서 실현되는, 노동이 창출한 가치를 전유할 수 있다. 노동력 상품은 이 실현된 가치에서 보수(즉, 임금)를 받는다. 필요한 경우 '토지 지대'는 잉여가치에서 지불된다. 생산수단을 소유한 '자산 소유자'의 수익은 '지대'가 아니라 '이윤'이다.

이러한 결과로부터 우리는 '지대'의 성격을 보다 정확하게 정의할 수 있다. 그것은 노동력을 지출하여 다른 곳에서 창출된 가치를 사용하여 이루어지는 지불이다. 토지의 경우 토지 그 자체가 가치를 창출하지는 않기 때문에 토지 소유자는 '다른 곳에서' 생산된 가치로, 즉 생산과정의 노동력 착취에서 생산된 가치로 지불받아야 한다.

2. 가치와 정보 상품

아마도 드미트리 클라이너는 '자산 소유자'가 향유하는 서로 다른 종류의 '소득'을 구별하지 않고 '지대'라는 용어를 사용했다. 결국 이 용어가 정보재information goods에 적용되었을 때 상대적으로 잘 어울렸기 때문이다. 모든 차이가 무시되면 유일무이한 원인, 즉 범인을 내세우는 것이 가능해진다. 소유가 유죄다. 그래서 저자는 자신이 ─ 앞서 말한 모든 이론적 기벽에도 불구하고 ─ 전통적인 맑스주의적 관점에서 주장하는 진실한 비평가들과 같은 배에 탄 것을 알게 된다. 그의 설명을 따라가 보자.

정보재의 경우 '자산 소유자'는 위에서 든 예처럼 생산수단을 통제하는 사람들이 아니라 상업적 이용 수단을 통제하는 사람들이다. 계약을 통해서 생산자는 자신의 이용권exploitation rights을 '자산 소유자'(여기서는 상업적 이용 수단의 소유자)에게 양도하며, 이들은 생산자에게 '생계비', 즉 노동력의 재생산 비용만을 지불한다. 이것은 어느 정도 앞서 논의한 사례, 즉 '철칙' – 자세한 근거는 제시되지 않는 – 처럼 보인다.

비판을 시작하기에 앞서 이것이 단순히 경험적으로 옳지 않다는 점에 주목해야 한다. 예를 들어 예술가의 대다수는 결코 자신의 '생계비'를 받는 게 아니라 순수하게 물리적인 생존조차 할 수 없을 만큼 적게 번다. 다른 한편 자신의 이용권을 미디어 산업에 양도했음에도 엄청난 액수를 벌어들이는 극소수의 예술가들이 있다. 노동력을 판매하는 경우와는 달리 소득과 재생산 비용 간에는 아무런 논리적 관계가 없다. 여기서는 노동력이 판매되는 것이 아니라 법적 실체 간의 계약이 체결된다. 미디어 산업이 교환 조건을 좌우하는 거대 권력을 가지고 있다는 것은 별개의 이야기다. 예를 들어 이것은 폴크스바겐[4]과 부품 제조업체 간의 관계에도 적용된다. 클라이너로 돌아가 보자.

카피레프트가 '소유권'과 상충되지 않기 때문에 카피레프트는 카피라이트 형식에서 나타나는 부의 '불공정한'

---

4. [옮긴이] 1937년에 설립된 세계 유수의 독일 자동차 회사.

분배, 이른바 기존의 '철칙'을 변화시키는 데 있어서 '카피 저스트라이트' 또는 크리에이티브 커먼즈 라이선스와 별 다를 바 없는 위치에 있다. 오히려 카피레프트는 이용법을 규정할 뿐이므로 '자산 소유자'는 생산물을 이용할 수 있다.

이 '불공정'의 이유는 ─ '소유권'으로 ─ 이미 결정되어 있기 때문에 해결책은 저절로 제시된다. 그것은 소유구조를 바꾸는 것이다. 노동자는 직접 기업을 소유하여 생산 및 착취 수단을 통제해야 한다. 이 방법을 통해서만 보다 공정한 분배가 이루어질 수 있다. 노동자가 소유자로서 부의 분배를 직접 결정할 수 있기 때문이다. 이것은 라이선스를 위한 기준도 되어야 한다. 기존의 라이선스가 '소유권'과 부의 분배에 영향을 미치지 못하기 때문에, 새로운 라이선스가 만들어져야 한다는 것이다.

3. 카피파레프트

'좌파' 카피레프트 라이선스는 두 가지 형태의 '소유권'을 구별해야 한다. 노동자의 소유권과 '자산 소유자'의 소유권이 그것이다. 즉 바꾸어 말하면 노동하는 사람과 임노

동을 이용하는 사람을 구별해야 한다. 클라이너는 이렇게
말한다.

노동자는 자신의 노동을 공동 자산에 투여하여 돈을 벌
수 있어야 하지만, 사적 자산의 소유자는 임노동을 이용
하여 돈을 벌 수 없어야 한다.

노동자-소유자는 공유지를 사용할 수 있어야 한다. 그
들은 공유지의 일부이기 때문이다. 노동자-소유자는 정
보재의 공통적인 풀pool을 유지하며, 임노동을 이용하는
'자산 소유자'는 여기에 대한 접근이 금지된다. 따라서 노
동자-소유자에게는 '내부'('내생적')가 허가되지만 '자산 소
유자'는 외부('외생적')에 머물러야 한다.

클라이너는 이렇게 이야기한다.

카피파레프트 라이선스는 공유지 기반의 상업적 이용은
허가하지만 임노동을 착취하여 이윤을 얻는 것은 거부해
야 한다.

이 목적은 다른 라이선스로는 이룰 수 없다. 왜냐하면,

'비상업적' [이용]은 필수적인 내생적/외생적 경계를 기술하기에 적절하지 않다. 그러나 공유지 기반 생산자들이 사용하기에 적절한 법적 틀을 제공하는 다른 공유지 라이선스는 존재하지 않는다.

따라서 카피파레프트는 법을 통해 공유지 기반 경제와 임노동 기반 경제라는 두 가지 경제를 구축하려는 시도이다.

4. 비판

드미트리 클라이너의 주요 오류는 노동력과 노동을 구별하지 못한 것이다. 노동자 운동의 역사에 아주 정통한 것은 아니지만, 내가 기억하는 한 페르디난트 라쌀레[5]는 클라이너처럼 노동자를 위한 '온전한 노동 수익'을 요구한

---

5. [옮긴이] 라쌀레(Ferdinand Lasalle, 1825~1864)는 독일의 사회주의자로, 1848년 혁명에 참가하여 마르크스를 알게 되었고, 『노동자 강령』(1862)을 출판하였으며, 노동 운동의 지도자로서 1863년에 〈전독일 노동자 동맹〉의 초대 총재가 되었다. 헤겔처럼 국가를 자유의 실험대로 보아 기존의 국가를 노동계급의 해방에 이용할 수 있다고 판단하고 비스마르크에 접근하였다는 점에서 국가사회주의 경향을 띠었다.

사람이었다. 내가 아는 한 이것은 칼 맑스의 『고타강령비판』에서 해체되었다. 또 라쌀레는 일종의 최저임금의 법적 고정을 요구하기 위해 리카도에게서 유래하는 '임금철칙'을 구체화하여 사용하였다.

몇 가지 '좌파적' 수사의 사용에도 불구하고 저자는 대체로 맑스주의 이전 및 부르주아 경제학 이론과 맞물려 있는 것처럼 보인다. 그럼에도 그는 노동자 운동에서 널리 퍼져 있고 전통적인 맑스주의 내에서 계속 진행되어 왔던 방식으로 소유권에 대해 비판한다. 즉 생산수단이 노동자의 수중에 주어지자마자 이들은 스스로 잉여가치를 포함한 가치를 폐지하고 공정한 분배를 확보할 수 있다는 것이다.

전통적으로 노동자에 의한 생산수단 분배, 따라서 노동자에 의한 노동 결과물의 분배라는 목적에 도달하는 두 가지 길이 있다. 혁명 또는 개량이 그것이다. 이 두 가지 길은 각각 '혁명' 또는 선거를 통해서 모두 국가권력의 획득을 목표로 했다. 클라이너는, 기업이 점진적으로 노동자들이 함께 유지하는 공유지와 긴밀하게 연관된 '노동자의 자산'이 되게 하는 방안을 제시한다. 카피파레프트 라이선스는 법적 보호를 제공함으로써 이를 돕기 위한 것이다.

나는 라이선스를 통해 소유구조를 변화시킨다는 개념이 순진한 것인지를 두고 다투는 것에는 별 흥미가 없다.

그러나 클라이너가 다른 소유권 비판들과 차이가 없다는 것은 명백히 할 필요가 있다. 그는 자산 분배를 바꾸기 원하지만 상품의 형식으로 재화를 생산한다는 논리, 말하자면 여느 다른 소유권 체제 위에서 작동하는 이 문제는 결코 다루지 않는다.

상품 형식의 재화 생산이란 분리된 사적 생산자들 — 개인 혹은 집단 — 이 자신의 생산물의 가치를 실현하기 위해 시장에 생산물을 내놓아야 하는 '메커니즘'을 말한다. 일상적인 '생산'이 중립적인 것으로 간주됨으로써 오로지 ('지대'라고 잘못 부르고 있는) 잉여가치의 분배만이 논점으로 설정된다. 이익 처분과 관련된 이 분배로는 아무것도 바꿀 수 없다.

동일한 비판이 소위 '임금철칙'에 적용될 수 있다. 임금이 필수적인 재생산 수단에 상응한다는 사실이 바꿀 수 있는 건 없다. 노동자 소유의 기업은 여전히 상품으로서의 생산물 홍보를 감독해야 하고, 계속해서 경쟁하고, 투자하며, 파트너와 협력하고, 경쟁자는 앞질러야 한다. 그리고 그 기업은 노동력의 가치에 대해서만 지불할 수 있을 뿐이다. 〈텔레코뮤니스트들〉 같은 이러한 '노동자 소유의' 하이테크 기업은 늘 존재해 왔다.

주목을 끄는 사례는 독일에서 가장 큰 컨설팅 기업 중

하나로 베를린에 소재한 PSI이다. 이 기업은 '노동자 소유'로 출발했지만 이제는 아니다. 집단통제는 조금씩 경영참여로 축소되고 결국 폐지되어 그저 평범한 기업으로 남게 되었다. 이것은 필연적이었다. '효과적인 기업 리더십'의 필요 같은 변화의 이유가 단순히 개인에 의해 추진되는 것이 아니라 착취('돈으로 더 많은 돈을 버는 것')와 경쟁의 논리로부터 직접 도출되었기 때문이다.

인간 실천의 생산물이 상품의 형식으로 생산됨에 따라 '독립적으로 되는' 발전 — 맑스가 '물신주의'로 명명한 — 은 맑스주의 이론에서 가장 곡해된 부분 중 하나이다. 이 '독립적으로 되기'의 과정 — 맑스는 자기가치화하는self-valorising 가치(자본)를 묘사할 때 '자동적인 주체'automatic subject에 관해 말했다 — 은 상품으로서의 재화 생산의 역설적인 결과이다. 무언가를 생산하고, 그에 따라 그것이 내재적 강제를 재현하는 생경한 것으로 우리와 대면하는, 이러한 일을 우리가 하고 있기 때문에 역설적이다.

잘 언급되지 않는 맑스의 글을 인용하면,

따라서 자본주의적 생산의 참여자들은 황홀한 세계에 살고 있으며 자신의 관계들은 자신에게 사물의 소유로서, 물질적 생산요소의 소유로서 나타난다.(칼 맑스, 『잉여가

치학설사』, 3부, 928쪽, 독일어판에는 참여자들participants
이 '행위자들'agents로 되어 있다.)

맑스는 '참여자들'('행위자들')이라는 용어를 사용하
여, 우리가, 우리에게서 독립적으로 작동하지만 우리를 통
해 생산되는 논리의 집행인이라는 점을 보여주기를 원한
다. 이 논리는 본질적으로 적대적인 두 가지 역할을 가지고
있다. 하나는 '자본가'라고도 알려진 생산수단의 소유자이
고 다른 하나는 '노동자'라고도 알려진 생산수단으로부터
자유로운 이들이다. 이러한 점에서 계급투쟁은 잉여가치의
분배를 둘러싼 싸움이다. 그러나 이것은 상품 생산의 기본
원리를 건드리지 않는다.

따라서 클라이너는 ─ 필연적으로 교환, 시장, 화폐, 국가
를 포함하는 ─ 기본 원리에 대한 비판과는 거리가 있을 뿐
아니라 그러한 고려를 분명하게 거부한다. 내가 그에게 '교
환가치의 구제'를 원하는 것인지에 대해 물었을 때 그는 이
렇게 대답했다. "나는 교환이 아니라 소유 특권을 제거하
고자 한다." 이러한 진술은 여기서 다루고 있는 글의 입장
과 일치하는 것이다.

모든 급진적인 수사에도 불구하고 드미트리 클라이너
는 상품 생산의 기본 원리를 건드리고 싶어 하지 않는다.

상품 생산에 기초한 조금 더 평등한 부의 분배가 그가 원하는 전부다. 이것은 많은 사람들의 목적이었고 많은 사람들이 실현하기 위해 노력해 왔으며 수많은 패배에도 불구하고 많은 사람들이 여전히 원하고 있다. 그들은 성공하지 못할 것이다. 그들이 동일한 작동 양식을 계속해서 사용하는 한 단순히 생산수단에 대한 노동자들의 통제 획득만으로는 충분하지 않다. 생산은 중립적인 문제가 아니다. 겉으로 보기에는 마음대로 다양한 목적에 적용가능한 듯 보이지만 분리된 사적 노동에 의한 생산은 필연적으로 상품 생산일 수밖에 없고, 여기서 사회적 매개는 가치의 비교를 통해 시장에서부터 환경 재앙에 이르기까지 — 이 모든 결과들과 함께 — 사후에 일어날 수 있을 뿐이다.

5. 결론

부적절한 잉여가치 비판과 결합한 소유권 비판은 당연히 근시안적이다. 오직 가치 비판만이 우리의 사회적 소외의 기초에 초점을 맞출 수 있다. 왜냐하면 이것, 우리의 삶을 새로운 방식으로 생산하는 것이 핵심이기 때문이다. 자유소프트웨어는 착취 논리를 넘어선 생산이 의미할 수 있는 것을 보여준다. 현재 형식의 카피레프트는 자유소프트웨어를 법적 근거가 있는 상태로 유지한다. 그 이상도 그 이하도 아니다.

카피파레프트

스테판 메레츠에 대한 응답[1]

드미트리 클라이너

스테판 메레츠가 나의 글, 「카피파레프트, 카피저스트라이트, 카피라이트 소득의 임금철칙」[2]에 대해 시간을 내어 상세히 논증해 준 것에 대해 감사한다.

나의 글에서 제기된 주요 주장은 예술가는 "지적 재산"

---

1. [옮긴이] 2008년 7월 1일 『뮤트 매거진』에 게재된 글(http://www.meta-mute.org/editorial/articles/copyfarleft-response-to-stefan-meretz). 클라이너가 이 글에서 인용하고 있는 메레츠의 글은 메레츠의 블로그에서 가져온 것이다. 메레츠는 자신의 비판 글을 『뮤트 매거진』에 기고하기 전에 자신의 블로그에 올렸다(http://keimform.de/2008/copyfarleft-a-critique/). 때문에 여기에서 인용된 메레츠의 글은 이 책 187~207쪽에 수록된 『뮤트 매거진』의 글과 표현이 조금 다를 수 있음을 미리 밝혀둔다. 두 글은 내용상 차이는 없으며 용어나 문장이 조금 수정된 정도이다.
2. [옮긴이] 『뮤트 매거진』에 실린 클라이너의 글의 제목은 「카피파레프트와 카피저스트라이트」(Copyfarleft and Copyjustright)이다.

의 독점으로 생계를 유지할 수 없으며 GPL 같은 카피레프트 라이선스도, 크리에이티브 커먼즈 같은 '카피저스트라이트' 구상도 도움이 되지 않는다는 것이다.

내가 도움이 된다고 믿는 유일한 것은 노동자들의 자기 조직화이다. 이것은 아나키스트, 특히 생디칼리스트 성향의 사회주의자들 사이에 인기 있는 접근법이며 또한 "시장 사회주의"와 "경제 민주주의"를 고양하는 이들이 지지하는 방식이다.

불행히도 스테판은 나의 글에서 직접적으로 제기되는 어떤 논쟁에도 진정으로 참여하고 있지 않다. 가령 그는 카피레프트나 카피라이트 혹은 카피저스트라이트가 예술가들이 생계를 꾸릴 수 있는 가능성을 만든다고 주장하지 않는다. 그래서 내가 보기에 우리는 나의 글[「카피파레프트와 카피저스트라이트」]에서 제기되는 주요 주장에 대해 동의하고 있는 것처럼 보인다. 사실 나는 [스테판의 글의] "비판" 전체에서 극소수의 엘리트 예술가 그룹만이 지적 재산으로 생계를 꾸릴 수 있다 – 이것이 나의 글의 핵심이다 – 는 나의 견해를 반박하는 주장을 전혀 찾을 수 없었다.

스테판의 "비판"은 창조 생산의 경제적 관계에 대한 나의 주장을 반박하기보다, 특이하게도 내가 특정한 이론적 측면을 "이해"하지 못하고 있다거나 "관심이 없다"는 것을 보여줌으로써 나를 개인적으로 겨냥하는 것처럼 보인다. 비판 전체에서 되풀이되는 그 주장은 나의 글에서 제기되는 주장들과 별 관련이 없다.

당연하게도 이 "이해"는 아나키스트적 신념에 대한 반박을 오랫동안 시도해 온 교조적인 경향과 특정한 자기만족에 대한 동의를 뜻한다. 내가 사용한 특정 용어에 대해 그가 "틀렸다"고 말할 때 의미하는 것은 그가 규범적으로 "옳다고" 간주하는 것처럼 보이는 몇몇 정통적인 용어 대신 비정통적인 경제 용어를 내가 사용하고 있다는 것이다.

이상하게도 나의 "이해부족"에 대한 그의 비판 중 일부는 실제로는 분명히 구별하여 사용하고 있는 사용가치와 교환가치("가치"와 "가격") 간의 구별, 그리고 노동과 노동력의 기본적인 구별 같은 상식적인 내용을 포함하고 있으며, 나의 글의 어느 부분에서 그 용어들을 모호하게 사용하고 있는지에 대한 아무런 언급도 없이 제기되고 있다. 그런 언급이 있었다면 내가 실제로 주장하는 것에 대한 적절한 비판이 되었을 것이다. 즉 그의 비판의 이 두 측면은 모두 불합리한 추론이다.

마지막으로, 스테판이 제기하는 주요 쟁점은 노동자 투쟁의 형식으로서 노동자의 자기조직화에 대한 나의 지지다. 전형적인 많은 정통 맑스주의자들처럼 그는 자신의 관점이 옳고, 자유사회주의libertarian socialism의 관점은 틀렸고 난잡하며 "부르주아적"이거나 "맑스주의-이전"[의 형태라고 단언한다.

나의 "몰이해"를 설정하면서 스테판은 이렇게 주장한다.

'노동의 자연가격'은 존재하지 않는다. 저자는 '자산 소유 자'가 보유할 수 있는 부분이 존재하는 이유를 설명하기 위해서 리카도처럼 그런 구성물을 주장해야만 한다.

물론 그 이유는 나의 글에서 설명되어 있지만 스테판은 그냥 무시해 버렸다. 내가 주장하는 것처럼 실제로 "그들[노동자들]이 획득하는 모든 임금 인상분은 가격 인플레이션으로 소멸된다." 노동자들이 시간이나 생산량에 따라 혹은 "삯일"로 자신의 노동을 판매할 뿐 자신의 최종 노동 생산물을 실제로 소유하지 않는 한 그들이 받는 모든 임금은, 노동생산물을 전유하고 따라서 생산물의 유통을 통제하는 이들이 부과한 가격으로 포획되어 버리고 말 것이다. 즉 노동자들의 주거지에 대한 위치 지대(이 또한 모든 일반적인 임금 인상에 대응하여 증가할 것이다)로 아직 포획되지 않은 임금 부분도 그들이 부가한 가격으로 포획되어 버리고 말 것이다.

이것은 철칙이다.

스테판은 이렇게 주장한다.

노동자들은 노동의 가치가 아니라 노동력의 가치(임금)를 받는다. 노동력과 임금의 교환은 완전히 공정하다. 경제적으로 보면 이것은 등가교환이다.

여기서 스테판은 "가치"(사용가치)와 "가격"(교환가치)을 구별하는 능력을 잃어버린 것처럼 보인다. 그는 노동자들이 자신의 노동력의 "사용가치"를 획득할 수 있다고 말하는 것인가? 이것은 그의 주장이 자기모순적이라는 것을 의미할 것이다. 생산적 자산에 대한 평등한 접근과 마찬가지로 이것은 그 정의상 노동의 최종 생산물("노동의 가치")이 되는 것인가?

아니면 스테판은 노동력의 가격이 임금과 같다고 주장하는 것인가? 그것은 자명하지 않은가? "임금"과 "노동력의 가격"은 같은 말이다. 오히려 어떤 임금도 분명히 최종 생산물의 교환가치보다 적다는 것이 문제이지 않은가?

스테판은 왜 노동자가 자신의 노동 생산물의 전체 교환가치보다 적은 부분을 임금으로 받아들이는지 설명하지 않았다.

물론 그 답은 노동자와 고용주가 스테판이 터무니없이 주장하는 것처럼 평등하게 교환하는 것이 아니라, 그 교환이 비대칭적이어서 노동자는 소유자가 부여한 접근권 없이는 생산적 자산에 접근할 수 없고 따라서 절대로 독립적으로 생산할 수 없으며, 이 비대칭은 특권을 부여하고 강제하는 국가에 기반하고 있다는 것이다.

맑스 자신은 자본주의와 임노동은 "시초축적"의 과정 없이는 존재할 수 없다는 것을 잘 알고 있었다. 즉 국가폭력으로 공유지에 울타리를 쳐서enclosed 자신의 노동을 파는 것 외에는 생존수단을 갖지 못한 땅 없는 프롤레타리아트를 만들어 낸 위로부터의 혁명에 대해, 그리고 이 역사는 "피와 불의 문자"로 쓰여진 폭력에 의한 몰수였다는 것에 대해 잘 알고 있었다.

노동과 자본이 평등하게 교환된다는 사고는 정말로 잘못된 것이다.

어쨌든 이러한 논쟁은 나의 글과 아무런 관련이 없다. 오히려 이것은 비정통 자유사회주의자들과 권위주의적인 교리를 옹호하는 이들 사이에서는 흔한 논쟁이며 이는 1세기가 훨씬 넘도록 진행되어 왔다. 그래서 나는 카피파레프트의 맥락에서 이것을 더 이상 논박할 어떠한 필요도 느끼지 못한다. 여기에 흥미가 있는 이들에게는 케빈 카슨의 탁

월한 책, 『상호주의 정치경제학 연구』*Studies in Mutualist Political Economy*에 있는, 엥겔스의 『반뒤링론』*Anti-Dühring*에 대한 그의 비판을 추천한다.

이후 스테판은 이렇게 주장한다.

전 지구적인 부의 불평등한 분배라는 수수께끼를 해결하는 것. 불평등한 분배는 '거래조건'이라고도 알려진 교환 환경의 결과가 아니고, 가격 형성의 문제도, 부/정의의 문제도, 전 지구적 규제의 문제도, 정치의 문제도, 소유의 문제도 아니다. 그것은 생산성 격차의 문제이다.

이것은 케빈 카슨이 "일종의 변형된 개미와 베짱이 우화"라고 부르는 것이다. 카슨은 이러한 교화적 신화를 거부하면서 맑스를 인용한다. 같은 구절을 아래에 인용해 보겠다.

맑스는 이렇게 쓴다.

아득한 옛날에 한편에는 근면하고 영리하며 특히 절약하는 특출한 사람이 있었고, 다른 한편에는 게으르고 자기의 모든 것을 탕진해 버리는 불량배가 있었다는 것이다……. 전자는 부를 축적했으며 후자는 결국 자기 자신의 가죽 이외에는 아무것도 팔 것이 없게 되었다는 것이다. 그리고 이 원죄로부터 대다수의 빈곤 — 계속 노동했음에도 불구하고 여전히 자기 자신 이외에는 아무것도 팔 것이 없다 — 과 소수의 부 — 훨씬 오래 전에 노동을 그만두었음에도 불구하고 끊임없이 증대하고 있다 — 가 유래하고 있다는 것이다. 이 낡아빠진 어린애 같은 이야기가 소유[재산]을 옹호하기 위해 매일 우리들에게 설교되고 있다……. 현실의 역사에서는 정복이라든가, 노예화라든가, 강탈이라든가, 살인이라든가, 한 마디로 말해 폭력이 큰 역할을 했다.(『자본론』1권)[3]

어쩌면 나는 스테판을 오해하고 있는지도 모른다. 그는 부유한 경제 체제가 더 높은 생산성의 결과라거나 맑스가 쓴 것처럼 "정복, 노예화, 약탈, 살인" 등의 결과라고 주장하지 않는다. 그러나 이것이 그의 주장이 아니라면 무엇이 그의 주장인지 분명하지 않다.

스테판은 아래와 같이 주장한다.

아마도 그[클라이너]는 평균 노동시간에 따라 공정하게 지

---

3. [옮긴이] 칼 맑스, 『자본론 1-하』, 김수행 옮김, 비봉출판사, 2009, 979~980쪽.

불된다는 점을 부인할 것이다. 그리고 그는 잉여가치가 노동력의 가치를 연장하여 노동력이 생산하는 생산물의 가치 성분이라는 점을 알지 못한다.

여기서 스테판은 다시 가격(교환가치)과 가치(사용가치)를, 그리고 노동과 노동력을 [구별하지 않고] 합해 버리는 것처럼 보인다. "평균 노동시간"(노동력)이 "공정하게" 지불(지불=가격) 되려면 생산물의 가격을 획득해야 할 것이다. 생산물의 교환가치와 임금 간의 차이가 잉여가치다. 이것은 "교환가치", 따라서 가격과 관련이 있다.

맑스가 "공정"하다고 간주한 것은 착취의 부재였다. 이는 노동자가 자신의 전체 노동생산물을 보유해야 함을 의미한다.

그러므로 "전통적 맑스주의"가 임금을 공정한 것으로 간주한다는 주장은 그야말로 터무니없는 일이다.

잉여가치가 투자된 자본과 관련되는 경우에는 이윤이라 부른다. 잉여가치 혹은 이윤 ─ 자산 소유자에 의해 잉여가치로부터 소득으로 전유되는 ─ 이라는 용어 대신, 저자는 '지대'라는 용어를 사용하고 있다.(나[스테판]는 여기서 '지대'rent라는 번역이 다소 불명확하다고 느꼈다. 이것은 문자 그대로 아파트 등의 '임대'lease를 의미한다).

내 생각에 지대는 옳은 용어다. "경제지대", "지대수취
계급"rentier class, "지대추구 행위" 등을 보라.

"잉여가치"는 잉여가 생산에서 존재한다는 것을 단순히
표현하는 것이지, 그 잉여가 누구의 소득으로 되는지 설명
하지 않는다. 소득은 임금, 이자, 지대로 분할된다.

"이윤"은 회계 용어다.

"아파트의 임대"는 경제용어 − 지대 − 가 아니라 일상용
어이다. 실제 경제 현상에서 "아파트의 임대" 수익도 임금
(즉, 관리인에 대한 지불), 이자(건물 그 자체), 경제지대(위
치)를 나타낸다. 분명 마지막이 가장 중요한 것이다. 모든
부동산 행위자가 당신에게 이렇게 말하는 것처럼. "위치, 위
치, 위치."

처음의 오해에도 불구하고, 스테판은 동조하는 것처럼
보인다.

이러한 결과로 '지대'는 좀 더 정확하게 정의될 수 있다. 그
것은 다른 곳에서 창출된 가치로부터 나온 성과의 지불이
다. 토지의 경우 토지 그 자체가 [교환] 가치를 창조하지는
않기 때문에, 토지 소유자는 '다른 곳에서' 생산된 가치로

부터, 즉 생산에서의 노동력 착취로부터 지불받아야 한다.

나는 여기서 스테판이 말하는 것에 100% 동의할 따름이다.

자, 기본적인 이론에 대한 나의 지식을 공격하고자 하는 스테판의 이상한 욕망에도 불구하고 내가 제시하는 기본 주장에 동의(까지는 아니라 하더라도 최소한 반박은 아닌)하는 한 우리는 나의 카피파레프트 제안에 관한 논쟁의 핵심으로 들어간다. 이것은 우리의 견해 차이가 가장 직접적으로 드러나는 곳이다.

스테판은 주장한다.

아래의 비판을 시작하기에 앞서 이것이 단순히 경험적으로 옳지 않다는 점에 주목해야 한다. 아주 많은 사람들이 예술가는 결코 자신의 '생계비'를 받는 것이 아니라 순수하게 물리적인 생존조차 할 수 없을 만큼 적게 버는 것에 대해서 이야기한다.

여기서 스테판은 예술가는 지적 재산으로 자신의 생계비조차 벌 수 '없다'는 나의 정확한 주장을 되풀이하면서 내가 경험적으로 "옳지 않다"는 것을 보여준다.

그는 계속해서 이야기한다.

다른 한편 자신의 이용권을 미디어 산업에 양도했음에도 엄청난 액수를 벌어들이는 소수의 예술가 그룹이 있다.

요지는 "소수의 예술가 그룹"이다. 이 그룹은 너무 소수여서 그 비율이 영이 되는 것을 막으려면 소수 자리까지 계산해야 한다.

그리고 여전히 이들의 전체 수입은 미디어 산업이 포획한 전체 교환가치의 아주 작은 비중을 차지할 뿐이다.

그리고 여전히 미디어 산업의 전체 수입도 행동 통제, 즉 미디어의 경제적 가치의 실질적인 기반인 "의식 산업"[4]의 소비자에게 인도되는 전체 "수용자 권력"audience power 가치의 아주 작은 비중을 차지할 뿐이다. 하지만 이것은 다른 글에서 다룰 문제다.

그래서 스테판은 이렇게 주장한다.

---

4. [옮긴이] 의식산업(consciousness industry)이란 독일의 시인이자 이론가인 한스 마그누스 엔첸스베르거(Hans Magnus Enzensberger)가 만든 용어로, 인간 정신이 사회적 생산물로 재생산되는 메커니즘을 가리킨다. 가장 대표적인 형태로 매스미디어와 교육제도를 들 수 있다. 엔첸스베르거에 따르면 이 산업은 구체적인 무엇을 생산하는 것이 아니라, 인간에 대한 인간의 지배라는 기존 질서를 영속화하는 것을 주 목적으로 한다.

노동력을 판매하는 경우와는 달리 소득과 재생산 비용 간에는 아무런 논리적 관계가 없다. 여기서는 노동력이 판매되는 것이 아니라 법적 실체 간의 계약이 체결된다.

나의 주장은 집단으로서의 예술가는 자신의 재생산 비용만을 획득할 뿐이라는 것이다.

"법적 실체 간의 계약"의 금액은 아무것도 없는 상태에서 끌어오는 것인가 아니면 소득에 대한 경제적 고려의 영향을 받으며 임금, 이자, 지대에서 파생되는 것인가?

스테판은 노동력에 대한 제한된 해석으로 혼란을 겪는 것 같다. 그는 미디어 산업이 미디어 생산물을 소유하면 공식적인 계약이 시간, 생산량 혹은 무엇에 기반하든 그 조건에 구애받지 않고 유통을 배타적으로 통제하며 모든 잉여가치를 포획한다는 사실을 놓치고 있으며, 이 때문에 미디어 산업이 예술가를 위해 남겨놓은 것은 재생산 비용에 지나지 않고 이마저도 예술가들이 차지할 수 있다는 보장은 없다는 사실을 놓치고 있다.

이것이 내가 "카피라이트 수입 철칙"이라고 부르는 것이며 이 철칙은 생계조차 보장하지 않기 때문에 임금철칙보다 더 악화된 것이다.

스테판은 이제 카피파레프트에 대한 비판으로 더 깊숙

이 들어간다.

그는 나의 불평이 다음과 같다고 주장한다.

카피레프트는 이용법을 규정할 뿐이므로 '자산 소유자'는
생산물을 이용할 수 있다.

그러나 문제는 자산 소유자가 생산물을 이용할 수 있
다는 것이 아니다. 예를 들어 소프트웨어의 경우, 나는 자
유소프트웨어 생산이 어떻게 자본주의적 양식과 사회주
의적 양식에서 모두 존재할 수 있는지 설명했다. 그러나 영
화, 음악 등과 같은 미디어 재산의 경우, 이용이란 소프트
웨어가 흔히 그렇듯이 단순히 "생산에서의 사용"을 의미하
는 게 아니라 "유통을 통제"하여 잉여가치를 포획하는 것
을 의미한다.

공유지 기반 예술 생산자들이 미디어 기관들에게 공유
지 미디어 자산에 대한 자유로운 접근을 허가하는 경우,
이 기관들에 출자한 자본은 생산적 자산에 대한 접근에서
현저한 불평등을 이용할 수 있고 공유지 기반 생산자들을
몰아낼 수 있다. 더구나 이 미디어 기관들은 자유로운 접
근 이외에는 바라는 것이 없다. 그러면 우리가 왜 자유로운
접근을 허가해야 하는가? 왜 공유지 기반 생산자들의 이

해관계에 따라 접근을 거부하거나 접근을 제한하기 위해 협상할 수 있는 가능성을 전혀 갖고 있지 않은 것인가?

왜 우리가 어떤 경우에도, 심지어 경제적 관계가 명백하게 다른 예술 미디어 같은 경우에도 또래생산에 직접 참여하지 않는 집단에게 공유지 자산에 대한 자유로운 접근을 허가해야 하는가?

이제 여러 사소한 문제들, 즉 나의 의견의 기술적 "오류"를 찾기 위해 시도하였으니, 논쟁의 핵심, 즉 자신이 옹호하는 정통적 견해에서 벗어나기 때문에 비정통적 견해가 틀렸다고 단정하는 스테판의 비난에 대해 알아보자.

스테판은 이렇게 말한다.

이 '불공정'의 이유는 – '소유권'으로 – 이미 결정되어 있기 때문에 해결책은 저절로 제시된다. 그것은 소유구조를 바꾸는 것이다. 노동자는 직접 기업을 소유하여 생산 및 착취 수단을 통제해야 한다.

정확히 말하면 공동 소유만이 사적 소유를 극복할 수 있다. 즉 내가 종종 하듯이 〈세계산업노동자연맹〉 규약의 서문을 인용해 보자.

노동계급의 역사적 소명은 자본주의를 폐지하는 것이다. 자본가에 맞서는 일상 투쟁을 위해서뿐 아니라, 자본주의가 전복되었을 때 생산활동을 이어가기 위해 생산의 부대가 조직되어야 한다. 산업적 조직화를 통해 우리는 낡은 것의 껍질 안에서 새로운 사회의 구조를 형성하고 있다.[5]

낡은 것의 껍질 안에서 새로운 사회를 구축하기 위한 산업적 조직화는 두 가지 다른 형식의 유통이 있다는 인식을 요구한다. 또래 생산자들 사이의 내생적 유통, 그리고 자본주의적 생산이 지배하는, 혼합거시경제와 또래협력 중시中視경제 간의 외생적 유통이 그것이다. 이 각각의 유통 경로는 서로 다른 경제 관계를 가지고 있어서 카피레프트 혹은 카피저스트라이트 같은 단일한 조건으로 정리될 수 없다.

스테판이 이 논증에 반박하는 이유는 다음과 같다.

드미트리 클라이너의 주요 오류는 노동력과 노동을 구별하지 않는 것이다.

첫째, 내가 노동과 노동력을 잘못 이해하고 있다는 건

---

5. [옮긴이] 〈세계산업노동자연맹〉 홈페이지, http://www.iww.org/culture/official/preamble.shtml

사실이 아니다. 스테판은 노동력의 함의를 잘못 이해하고 있다. 그는 노동시간이 고용 계약의 명확한 조건이 아닌 경우에는 고용주가 생산물을 전유하고 그래서 그것의 유통을 통제하며, 결국 모든 잉여가치의 포획이 가능함에도 불구하고, 잉여가치는 아무튼 추출되지 않는다고 생각한다.

그는 계속해서 이렇게 말한다.

노동자 운동의 역사에 아주 정통한 것은 아니지만, 내가 기억하는 한 페르디난트 라쌀레는 저자[클라이너]와 유사하게 '온전한 노동 수익'을 요구한 사람이었다. 내가 아는 한 이것은 칼 맑스의 『고타강령비판』에서 해체되었다.

둘째, 그는 나의 글에서 라쌀레가 말하고 맑스가 반박한 것을 떠올린다.

음, 연좌제와 권위에 대한 호소의 멋진 조합, 즉 그릇된 논법을 제외하면, 여기서 흥미로운 점은 찾을 수 없다.

다음을 보자.

몇 가지 '좌파적' 수사의 사용에도 불구하고, 저자는 대체로 단지 맑스주의 이전 및 부르주아 경제학 이론과 맞물려 있는 것처럼 보일 뿐이다.

셋째, "단지"는 나의 "부르주아적인" 비정통 경제학의 열등함을 단언하며, 그것이 어떻게 하든 시대에 뒤떨어진 "맑스주의 이전" 경제학이라는 것을 함의하는 것이다.

이것은 논리적인 주장이 아니라, 단언적으로 묵살하는 것에 불과하다.

내가 사용하는 것과 동일한 소득 모델(지대, 임금, 이자) 및 생산요소(토지, 노동, 자본)에 대해 계속해서 언급하는 피에로 스라파와 조안 로빈슨 같은 포스트-맑스주의 이론가들을 주목하라고 스테판에게 말하고 싶다. 나의 글에서 제기된 어떤 주장에도 동의하지 않는 것은 상관없지만, 이들은 그 문제에 대해 "이전"이란 없다는 것을 보여준다.

스테판은 이제 오류의 삼두마차를 "비판"이라 부르면서, 자신의 정통적 신념을 승리한 주장으로 제시한다.

메레츠는 이렇게 말한다.

전통적으로 [노동자에 의한] 생산수단 분배, 따라서 노동자에 의한 노동 결과물의 분배라는 목적에 도달하는 두 가지 길이 있다. 혁명 또는 개량이 그것이다.

거짓 딜레마 만세! 언제나 교조적인 주장은 이를 가장 총애한다. 혁명이 아니면 개량만이 있을 뿐이다! 동지가 아니면 적이다!

트로츠키주의자의 "입당전술"entryism, 데레온주의자[6]의 "이중 권력" 및 아나키스트의 "생디칼리즘" 같은 다른 선택지는 간단히 배제되어 "개량주의자"로 단언된다. 이것은 특히 생디칼리즘이 분명 선호되는 전략이라는 점에서 뜻밖이다. 그러므로 "가능한 방식들"의 목록에서 생디칼리즘을 간단히 빼버림으로써 이에 대한 이야기를 피해가는 것이 좋은 것이다.

오로지 두 가지 가능한 길만을 설정한 스테판은 계속해서 말한다.

나는 라이선스를 통해 소유구조를 변화시킨다는 개념이 '순진한' 것인지에는 별 흥미가 없다.

스테판은 여기서 허수아비를 만들어 낸다. 나의 주장의 핵심은 카피라이트 수입 철칙의 결과로 인해 어떤 종류

---

6. [옮긴이] 대니얼 데 레온(Daniel De Leon, 1852~1914)은 미국의 사회주의 신문편집자, 정치가, 맑스주의 이론가, 노조 설립자였다. 혁명적 노동조합주의 사상의 선구자로 여겨지고 있으며 1890년부터 죽을 때까지 미국 사회주의 노동당의 주요 인물이었다. 데레온주의는 맑스주의에 대해 레닌과는 다른 해석을 갖고 있으며 산업의 국유화 대신 산별노조로 단결한 노동자들이 모든 산업에 대해 직접 민주적으로 통제할 것을 주장한다.

의 "지적 재산"도 소유 구조를 변화시킬 수 없으며 또래생
산만이 바꿀 수 있다는 것이다.

나는 "카피파레프트"를 궁극적인 목적 또는 유일한 해
결책으로 제시하는 것이 아니며 그랬던 적도 없다. 나는 라
이선스가 적어도 유용할 수 있는 한도에서 생산양식을 그
것의 기초로 고려해야 한다고 주장해 왔다.

소유구조를 변화시키는 것은 라이선스가 아니라 노동
자들의 자기조직화이다. 즉 소유구조는 사람들이 새로운
방식으로 생산하고 공유할 때 변할 것이다.

라이선스는 외부경제 환경의 속성 때문에 요구되는 거
래 수단일 뿐이다. 자본주의적 미디어 산업 경제는 미디어
자산 공유지에 대한 자유로운 접근을 바라지도 기대하지
도 않기 때문에 나는 자본주의적 미디어 산업 경제가 그러
한 라이선스에 반대할 거라고 생각하지 않는다.

나의 주장 대신 허수아비를 내세우려고 시도한 이후,
스테판은 이어서 이렇게 말한다.

저자가 다른 소유권 비판들과 차이가 없다는 것을 명백히
할 필요가 있다. 그는 자산 분배를 바꾸기 원하지만 여느
다른 소유권 체제 위에서도 작동하는 상품 형식의 재화
생산 논리는 결코 바꾸고 싶어 하지 않는다.

여기서 스테판은 실제 존재하는 현실의 객관적 사실을 그저 내가 "원하는" 것으로 묘사하려 한다. 이것은 비합리적인 욕망일 뿐이며 논리적으로 주장된 것이 아니다.

오늘날 또래 생산자들은 물질적 생존과 모든 공동의 축적을 위해 교환 관계에 참여해야 한다.

벤처 코뮤니즘과 카피파레프트 모두 기존 현실 내에서 작동하는 방식과 동일한 논리를 사용한다. 그래서 "낡은 것의 껍질 안에서 새로운 사회를 창조하는 것"을 가능하게 한다.

나는 자산 소유자들이 생산물을 전유하고 그 유통까지 통제하기보다는, 경제 행위자들이 자신을 위해 생산하고 공유하는 어떤 방식이든 사용할 수 있도록 소유 관계를 바꾸길 원한다.

개인적으로 나는 보다 코뮌적인 양식을 선호한다. 그러나 그것은 내가 참여하는 유통과 공유의 종류에 대해 내가 선택할 수 있는 한도 내에서만 문제가 된다. 선택 가능성의 구축은 공동 자산의 형성을 요구하며, 지금 우리는 교환에 참여함으로써만 이것을 이룰 수 있다.

나는 스테판이 의사擬似-메시아적 "혁명"을 기다리면서 무엇을 제안하는 것인지 궁금하다.

스테판은 계속해서 말한다.

노동자 소유의 기업도 상품으로서의 생산물을 홍보해야 하고, 계속해서 경쟁하고 투자하며, 파트너와 협력하고, 경쟁자는 앞질러야 한다. 그리고 이 기업은 노동력의 가치에 대해서만 지불할 수 있을 뿐이다.

어느 기업이 직면한 문제를 고찰한 그의 결론에 따르면 기묘하게도 이윤은 전혀 존재하지 않는다!

보는 바와 같이 노동자 소유 기업이 사업 비용을 지불하고 나면, 그 비용이 얼마이든 생산물의 교환가치가 얼마이든 나머지 전부는 노동자의 재생산 비용이다!

이것이 사실이라면 소유자는 어떻게 부를 축적하는가? 실제 현실에서 부자가 더 부유해지는 정확한 이유는 무엇인가?

소유자는 사적으로 소유한 생산적 자산을 통해 부를 축적할 수 있지만 노동자는 공동의 소유를 통해 부를 축적할 수 없다고 스테판이 믿는 이유는 무엇인가?

이상한 협잡을 부리고 물밑으로 이윤을 감추려고 하는 스테판은 이제 극도의 진부함으로 빠져든다.

〈텔레코뮤니스트들〉 같은 이러한 '노동자 소유의' 하이테크 기업은 늘 존재해 왔다.

"아직 일어나지 않았기 때문에 일어날 수 없다"는 오류. 날 수 있게 되기까지 많은 비행기들이 있었다. 그렇다, 탈상호화는 상호조직화가 직면한 많은 문제 중 하나이지만 이것이 해결책을 찾을 수 없다는 의미는 절대 아니다.

그는 계속해서 말한다.

이것은 많은 사람들의 목적이었고 많은 사람들이 실현하기 위해 노력했으며 수많은 패배에도 불구하고 많은 사람들이 여전히 원하고 있다. 그들은 성공하지 못할 것이다.

다시 말해, 이미 다 해 보았으니 포기하라는 말이다. 정통 맑스주의의 견해를 따른다는 사람에게서 나온 재밌는 주장이다. 스테판은 아마도 자신의 욕구와 목적을 공유하는 사람들은 어떤 패배도 겪은 적이 없다고 생각할 것이다.

자, 스테판은 어쨌든 자유소프트웨어가 자유를 구현한다고 상상하는 것처럼 보인다.

그것은 우리의 삶을 생산하는 새로운 방식에 관한 것이다. 자유소프트웨어는 착취논리를 넘어선 생산이 의미할 수 있는 것을 보여 준다.

거의 전부 임노동으로 제작되고 자본 소유자만을 위해 교환가치를 포획하는 자유소프트웨어가 이제 우리에게 어떤 생산이 착취 논리를 넘어설 수 있는지 보여준다는 것이다.

스테판은 이제 자신의 주장과 나의 주장 모두 어떻게 해야 할지 완전히 알 수 없게 되어 버렸다.

대부분의 자유소프트웨어는 자본주의적 조직이 직접 혹은 간접 지불하는 임금을 받는 고용인들이 제작한다. 이 조직은 자유소프트웨어를 후원한다. 왜냐하면 미터법과 표준화된 너트 및 볼트처럼 그것은 생산을 촉진하기 위한 공통적인 입력이고 그래서 이러한 정보 자산의 자유재[free-stock]을 보유하는 것이 물리적인 생산적 자산과 실제 재화의 순환에 대한 통제를 가로막지 않기 때문이다.

스테판이 생각하는 착취에 대한 도전은 어떤 것인가? 스테판은 이렇게 마무리한다.

현재 형식의 카피레프트는 정확히 자유소프트웨어를 법적 근거가 있는 상태로 유지한다. 그 이상도 그 이하도 아니다.

이 부분을 인용한 이유는 이 진술이 마이클 보웬스에

게는 다음과 같이 결론내리기에 충분한 것 같았기 때문이다. "스테판 메레츠는 기존의 카피레프트/자유소프트웨어 라이선스의 특성에 새로운 통찰을 제시한다."

나는 그렇게 생각하지 않는다. 당신은? 내가 그것을 주문처럼 반복하면 그 특성과 통찰이 언젠가 나를 깨우쳐줄지도 모른다.

하지만 지금까지 자유소프트웨어 개발자로서, 나는 우리 대부분이 여전히 출근부에 도장을 찍고 고용주를 위해 일하고 있다는 것을 안다.

:: 참고문헌

Bell, Daniel. 'The Subversion of Collective Bargaining'. *Commentary.* March, 1960.

'Charter for Innovation, Creativity and Access to Knowledge 2.0.1. *Charter for Innovation, Creativity and Access to Knowledge* 'Introduction'. http://fcforum.net/charter_extended.

DaBlade, 'Richard Stallman Interview'. *P2Pnet News.* February 6, 2006. http://www.p2pnet.net/story/7840.

developerWorks. 'developerWorks Interviews: Tim Berners-Lee'. *developerWorks* 22 August 2006. http://www.ibm.com/developerworks/podcast/dwi/cmint082206txt.html.

Graham, Paul. 'What Business Can Learn From Open Source'. PaulGraham.com. August 2005. http://www.paulgraham.com/opensource.html.

Graham, Paul. 'Web 2.0'. PaulGraham.com. November 2005. http://www.paulgraham.com/web20.html.

Industrial Workers of the World. 'Preamble to the IWW Constitution'. Industrial Workers of the World: A Union for All Workers. http://www.iww.org/culture/official/preamble.shtml.

Keynes, John Maynard. 'Chapter 2: The Postulates of the Classical Economics'. *The General Theory of Employment, Interest and Money.* Marxists Internet Archive. http://www.marxists.org/reference/subject/economics/keynes/generaltheory/ch02.htm. Originally published, Cambridge: Macmillan Cambridge UniversityPress, 1936.

Khayati, Mustapha. 'Captive Words: Preface to a Situationist Dictionary'. Translated by Ken Knabb, *International Situationiste* 10 (1966). Situationist International Online, http://www.cddc.vt.edu/sionline/index.html.

Kretschmer, Martin. 'Music Artists' Earnings and Digitisation: A Review of Empirical Data from Britain and Germany'. Bournemouth University Eprints. http://eprints.bournemouth.ac.uk/3704/1/Birkbeck_06_04_final.pdf.

Kretschmer, Martin. 'Empirical Evidence on Copyright Earnings'. September, 2006. DIME. http://www.dime-eu.org/files/active/0/Kretschmer.pdf.

Landauer, Gustav. *Revolution and Other Writings: A Poltiical Reader*. Edited and translated by Gabriel Kuhn. Oakland: PM Press, 2010.

Lessig, Lawrence. Presentation at Wizards of OS 4: Information Freedom Rules International Conference, Berlin, Germany September 14-16, 2006.

Macmillan, Fiona. *New Directions in Copyright Law*. Cheltenham, UK: Edward Elgar Publishing, 2007.

Mandel, Ernest. 'Historical Materialism and the Capitalist State'. Translated by Juriaan Bendian. Scribd.com. http://www.scribd.com/doc/20878564/MandelErnestHistorical-Materialism-and-the-Capitalist-State. Originally published in German in Marxismus und Anthropologie, Bochum 1980.

Marx, Karl. 'Preface'. *A Contribution to the Critique of Political Economy*. Marxists Internet Archive. http://www.marxists.org/archive/marx/works/1859/critique-pol-economy/preface.htm. Originally written, 1859.

Marx, Karl and Frederick Engels. *Manifesto of the Communist Party*. http://www.marxists.org/archive/marx/works/1848/communist-manifesto/. Originally published in German, 1848.

Mill, John Stuart. *Principles of Political Economy with some of their Application to Social Philosophy*. Library of Economics and Liberty. http://www.econlib.org/library/Mill/mlP.html. Originally published, 1848.

Miller, Ernest. 'Woody Guthrie on Copyright'. *Copyfight* July 27, 2004. http://copyfight.corante.com/archives/2004/07/27/woody_guthrie_on_copyright.php.

O'Reilly, Tim 'What is Web 2.0: Design Patterns and Business Models for the Next Generation of Software' March 2007. Munich Personal RePEc Archive, MPRA Paper no. 4578 (posted 7 November 2007). http://mpra.ub.unimuenchen.de/4578/1/MPRA_paper_4578.pdf.

Proudhon, P.J. 'What is Property? An Inquiry into the Principle of Right and of Government'. Project Gutenberg Ebook no. 360. http://www.gutenberg.org/ebooks/360. Originally published, 1890.

Ricardo, David. 'An Essay on Profits'. London: John Murray,1815. McMaster University, Faculty of Social Science website, http://socserv.mcmaster.ca/~econ/ugcm/3ll3/ricardo/profits.txt.

Ricardo, David. *On Principles of Political Economy and Taxation*. Library of Economics and Liberty, http://www.econlib.org/library/Ricardo/ricP-Cover.html. Originally published, London: John Murray, 1821.

Seuss, Dr. Seuss. *If I Ran the Circus*. Random House, 1956.

Smiers, Joost and Marieke van Schijndel. *No Copyright and No Cultural Conglomerates Too: An Essay*. Amsterdam: Institute of Network Cultures, 2009. http://networkcultures.org/wpmu/theoryondemand/titles/no04-imagine-there-are-is-no-copyright-and-no-cultural-conglomorates-too/.

Stallman, Richard. 'Copyleft: Pragmatic Idealism'. GNU Operating System. http://www.gnu.org/philosophy/pragmatic.html.

Thorstein, Veblen. 'Chapter 4: Conspicuous Consumption'. The Theory of the Leisure Class. Bremen, Germany: Europaeischer Hochschulverlag GmbH & Co KG, 2010. Originally published, 1899.

Tucker, Benjamin. 'State Socialism and Anarchism: How far they agree, and wherein they differ'. The Anarchist Library. http://flag.blackened.net/daver/anarchism/tucker/tucker2.html. Originally published in Benjamin Tucker, *Individual Liberty* (New York: Vanguard Press, 1926).

United Nations University-World Institute for Development Economics Research. 'Richest 2% Own Half the World's Wealth'. update.unu.edu 44 (December 2006-February 2007). http://update.unu.edu/issue44_22.htm.

'Web 2.0'. *Wikipedia.org. http://en.wikipedia.org/wiki/Web_2.0*.

:: 본문에 참고한 이미지 출처

3쪽 : https://www.flickr.com/photos/9216660@N02/12780929034/

18쪽 : https://www.flickr.com/photos/derekgavey/5528275910/

24쪽 : https://www.flickr.com/photos/home_of_chaos/1038789246/

85쪽 : https://www.flickr.com/photos/thefangmonster/4683442749/

90쪽 : http://commons.wikimedia.org/wiki/File:Photo_wuming.jpg?uselang=ko

143쪽 : https://www.flickr.com/photos/marcogomes/1346283989/in/set-72157601911044522

161쪽 : https://www.flickr.com/photos/txopi/8490786464/

뒤표지 안쪽 : https://www.flickr.com/photos/psyberartist/3648689054/

아마도 클라이너의 책, 『텔레코뮤니스트 선언』이 가진 가장 큰 효과는 인터넷을 다시 생각하게 한다는 점일 것이다. 적어도 나에겐 그랬다. 내가 알던 인터넷은 인터넷이 아니었으니까. 무엇보다 이 책은 인터넷의 역사(주로 인클로저 과정으로 파악되는)에 대한 훌륭한 보고서이다.

인터넷은 비물질적 재화들의 무대이다. 음악, 영화, 책 등 많은 상품들이 손에 잡힐 수 없는 형태로 전환되어 세계를 떠돌아다닌다. 여기서 과거와 같이 배제에 기반한 소유는 확고하게 유지되기 어렵다. 지구의 땅은 유한하고, 내가 집을 지어 살고 있는 땅을 다른 사람이 동시에 사용할 수는 없듯이 물질적 상품은 한정적이고 배타적이지만, 비물질적 상품들은 무한하며 비배타적이기 때문이다. 인터넷에 올라가 있는 영상은 수천, 수만 명이 동시에 볼 수 있고, 수천, 수만 개의 복제품을 재생산 비용없이 나누어 가질 수 있다. 이러한 환경에서 자본은 성장하기 어렵다. 소유에 기반한 독점이 자본의 출발점이자 근간이기 때문이다. 자본은 다른 환경을 구축해야 했다. 그 과정은 인터넷에서 어떻게 이루어졌는가?

저자에 따르면, 초기 인터넷은 또래협력에 기반한 네트워크였다. 그러나 웹의 등장으로 인해 인터넷은 서버-클라이언트 구조로 재편되었다. 중앙의 통제 없이, 거대 기업의 서버에 의존하지 않고 또래 간 네트워크를 통해 수평적으로 이루어지던 인터넷 상의 활동들, 검색, 이메일, 채팅, 영상 스트리밍, 파일공유 등은 이제 서버에 의존한 활동으로 전환되었다. 우리가 흔히 인터넷의 자연스러운 발달과정으로 알고 있는 WWW(월드와이드웹)의 재편은 사실 정보-인클로저의 과정이었다. 이러한 정보-인클로저를 통해 인터넷은 공유지가 아니라 상품으로 전화된다. 카피라이트는 이 상품화를 위한 기반으로서, 무한히 복제가능한 비물질 재화를 인위적으로 희소하게 만드는 장치이다.

정보-인클로저와 카피라이트가 인터넷을 상품으로 만드는 장치라면, 이에 대항하여 저자가 제시하는 대안은 벤처 코뮤니즘과 카피파레프트copyfarleft이다. 저자의 말처럼 이 두 가지는 그 자체로 이상적인 목적이 아니라, 수단에 불과하다는 점에 주의해야 한다. 결국 저자가 이 두 제안을 통해 이루고자 하는 것은 생산적 공유지의 창출이다. "사회를 바꾸는 유일한 길은 다르게 생산하고 공유하는 것이다."

이렇게 이 책의 구성은 두 가지 상품화 장치와 그에 대한 비판 및 대안의 제시로 이루어져 있다. 첫 번째 장인 「또래협력 코뮤니즘 대 클라이언트-서버 자본주의 국가」는 정보-인클로저의 과정에 대해 비판하면서 벤처 코뮤니즘을 대안으로 제시하고 있으며, 세 번째 장인 「자유문화 비판을 위하여」는 카피라이트(뿐만 아니라 카피라이트의 대안으로 그동안 제시되었던 안티카피라이트, 카피레프트, 크리에이티브 커먼즈 등까지 포함하여)에 대해 비판하면서 카피파레프트를 대안으로 제시한다. 첫 번째 장에 이어지는 2장과 세 번째 장에 이어지는 4장은 각각 『공산당 선언』과 '크리에이티브 커먼즈 라이선스'를 각색한 것으로 벤처 코뮤니즘과 카피파레프트를 위한 내용으로 바꾸어 서술된다.

벤처 코뮤니즘과 카피파레프트가 생산적 공유지 창출을 위한 효과적인 제안인지 나로서는 알 길이 없다. 그것은 저자의 제안이 이론적이라기보다는 '실용적'이기 때문이다. 다시 말해 저자의 제안이 현실화할 때만 우리는 그 문제에 대해 이야기할 수 있을 것이다. 다만 점점 더 중요하게 요청되고 있는 공유지의 구축, 그리고 이와 관련하여 카피라이트의 문제(그에 대한 대안들의 문제까지)를 다루는 논의에 이 책이 하나의 제안으로서 참여하기를 바랄 뿐이다.

부록으로 수록된 저자 인터뷰는 『텔레코뮤니스트 선언』이 출간된 이후 이루어진 것이다. 책에서 주요하게 다루는 개념들에 대한 저자의 생각들, 저자의 기타 활동에 대한 내용을 담고 있다. 저자가 국내에 처음 소개되는 만큼 저자에 대해 알 수 있는 글이 필요하다는 생각에서 함께 실었다. 인터뷰 뒤에 실린 글은 이 책이 출간되기 이전 클라이너가 『뮤트 매거진』에 기고한 「카피파레프트와 카피저스트라이트」에 대한 스테판 메레츠의 비판 글이다. 메레츠의 비판은 주로 이론적인 측면에서 이루어지고 있으며, 이에 대한 클라이너의 응답도 뒤에 함께 수록했다. 카피파레프트에 대한 보다 풍부한 논의를 위해 참고할 만한 글로 여겨진다.

끝으로 프리뷰를 맡아 주신 이광석 선생님께 그리고 인터넷이 무엇인지도 몰랐던 부족한 역자에게 번역의 기회를 준 갈무리 식구들에게 감사드린다.

2014년 6월

권범철

:: 용어 찾아보기